现场管理督导师手册

杨爱民
韦彦华
主编

企业管理出版社

图书在版编目（CIP）数据

7S 现场管理督导师手册 / 韦彦华, 杨爱民主编. -- 北京：企业管理出版社，2023.1
ISBN 978-7-5164-2755-2

Ⅰ.①7… Ⅱ.①韦…②杨… Ⅲ.①企业管理—生产管理—手册 Ⅳ.①F273-62

中国版本图书馆 CIP 数据核字（2022）第 217020 号

书　　名：	7S 现场管理督导师手册
书　　号：	ISBN 978-7-5164-2755-2
作　　者：	韦彦华　杨爱民
策　　划：	朱新月
责任编辑：	解智龙　刘　畅
出版发行：	企业管理出版社
经　　销：	新华书店
地　　址：	北京市海淀区紫竹院南路 17 号　　邮　　编：100048
网　　址：	http://www.emph.cn　　电子信箱：zbz159@vip.sina.com
电　　话：	编辑部（010）68487630　　发行部（010）68701816
印　　刷：	北京博海升彩色印刷有限公司
版　　次：	2023 年 1 月第 1 版
印　　次：	2023 年 1 月第 1 次印刷
开　　本：	710mm×1000mm　　1/16
印　　张：	18.75 印张
字　　数：	216 千字
定　　价：	78.00 元

版权所有　翻印必究　·　印装有误　负责调换

编委会

主　编：韦彦华、杨爱民

副主编：丁展鹏、陈晓刚

编　委：杨仁芳　雷晓刚　张哨生　苏弟英
　　　　聂云楚　胡　英　王　林　余弟录
　　　　玄熙平　冯俊涛　向　丽　张　艺
　　　　姜学文　赵　庆　阳翠玲　覃贵许

（编委排名不分先后）

前言

　　这是一本写给企业经营者的哲学书，阐述了 7S 对企业文化和价值观形成的意义；这是一本写给生产负责人的管理书，厘清了 7S 对企业核心 QCDS 指标的影响和改善过程；这是一本写给企业项目推进负责人的工具书，详细介绍了一个项目成功推进的准备、方法、步骤以及相应工具；这是一本写给企业各级管理者的工具书，介绍了 7S 这个在管理工作中最重要的抓手和工具。

　　二十年前，《如何推进 5S》作为全国优秀畅销书，是 5S 在中国企业应用的 1.0 版本，陪伴无数企业人，助力提升综合管理水平。十多年前，立正顾问机构升级出版了两本和 6S 相关的书籍：《6S 实战手册》和《6S 督导师实用手册》，是 5S 在中国企业应用的 2.0 版本，书中介绍了具有超强实战性和操作性的方法和工具，帮助企业管理者解答 6S 管理工作的诸多困惑，贴近实战，注重实用。立正顾问机构与中国的优秀企业一起，再经过十多年的践行淬炼，不断优化和完善，完成这本《7S 现场管理督导师手册》，这是 5S 在中国应用和创新的 3.0 版本。

　　如今，越来越多的中国企业在学习日本乃至世界的先进管理理念和技术，结合中国国情和管理水平探索更加适合中国的管理模式，对 5S 的理解已深得精髓，并且不断完善创新，与中国制造同步发展，构建了有广泛应用价值的中国制造 7S 管理模式。

中国企业在实践当中发现：除了现场"5S"，很多行业特别重视安全，安全就是一条不可逾越的红线。所以加上"安全"形成了6S。在"6S"管理推行过程中，结合中国人环保节约的基本美德，于是在6S基础上增加了"节约"要素，从而形成现在的"7S"管理。

现在，7S已在各地、各行业推行，不少企业表示自行推行时，刚开始从上到下，领导、管理者、员工都挺积极，但过一段时间后，热情就会消退，呈现懈怠、停滞的状态。很好奇为什么经过立正顾问辅导的企业在项目结束之后，7S依旧可以持续长期维持，甚至还有进步？现将立正顾问团队二十年来企业现场7S推行的咨询实战、经验、体会和心得写进这本书里。这二十年来的案例经验呈现，也是中国制造引领世界的缩影，夯实基础管理，实现效益增值。

本书详细介绍了7S概论、推行的准备、工具、步骤、保障等内容；7S如何在各领域实施，与各种文化、管理标准和要求相融合，如何直面各种特别的挑战，以及会获得怎样的成功；本书解释了如何运用一种简单、易行、有效的方法推行7S，以及7S推行的价值点和要点。7S管理是价值再创造的抓手，制造业、物流业、服务业、工程管理都非常适合，甚至医院、政府部门、院校……本书并非简单的理论著作，而是实操的行动指南。我们主张无论读者掌握了多少知识，如果没有付诸日常实践，都毫无价值（如果"没用"，那就真的是没应用）。本书不仅提供了理论性的7S知识，还阐述了如何运用这些7S知识和方法解决问题。为此，书中还特别提供了许多检查表、实例和相关制度、活动策划方案等。

本书面向所有领域践行7S的伙伴，旨在为他们解答"如何推行7S"这一问题。希望本书能让我们坚定信心，只要清晰认识并明白各行业环境的不同之处，我们的方法和经验就能对工作有帮助。

本书介绍了很多推行7S的工具指南，如看板、目视化、定点摄影、红牌作战、评分评比等。其实推行7S工具基本都是一样的，关键问题在于为什么要选择这些工具、目的是改变什么，这才是7S能否成功推行的关键。

说实话，中国企业有优势，也有短板；有突飞猛进，也有阻碍发展的难题；不管南方北方，不管过去还是现在，规范现场、改变人员意识和习惯都是一个很艰难的过程，这项工作对每一个推行7S的伙伴来说都是一个挑战。借用我们特别推崇的一句话：路虽远，行则至；事虽难，做则成！我们希望本书能给中国企业带来启发，激励它们去行动，去学习，去获得宝贵的经验和教训！

中国企业，铿锵前行；立正顾问，与您同行！

感谢所有客户提供实践道场和推进团队，没有你们的支持和实践，就没有7S创新价值！

感谢所有的顾问团队成员和后台全体同人，是你们日夜不辞劳苦奔波，与最好同行！

感谢所有的中国咨询顾问，如辛勤的蜜蜂授粉般传播，一起陪伴中国企业成长，大道不孤！

感谢本书的编辑们，感谢我们的家人和朋友，感谢一路上所有的相逢！

CONTENTS
目录

第一章
7S 概论

第一节　7S 的历史演变及含义　/002

　　一、从"5S"到"7S"的历史演变　/002
　　二、7S 的含义　/003
　　三、7 个"S"间的关联　/008

第二节　推行 7S 的背景和意义　/010

　　一、企业推行 7S 的背景　/010
　　二、7S 管理在企业中的作用　/013

第二章
7S 推行实施

第一节　推行准备　/020

一、推行组织　/020　　三、召开誓师大会　/035
二、推进计划　/026　　四、全员 7S 培训　/036

第二节　推进步骤　/042

第三节　推进价值及要点　/051

一、专项 7S 推进价值及要点　/051
二、工具间 7S 推进关键价值与要点　/061
三、办公室 7S 推进关键价值与要点　/066
四、仓储区域 7S 推进关键价值与要点　/073
五、化验、实验区域 7S 推进关键价值与要点　/078
六、食堂 7S 推进关键价值与要点　/081

Chapter 3 第三章 7S 推行工具

第一节 7S 项目宣传策划方案 /089

一、目的 /089

二、适用范围 /089

三、主要宣传内容 /089

四、宣传载体及形式 /090

五、宣传人员职责 /091

六、各阶段 7S 管理宣传主要内容及要求 /091

第二节 晨会（班前会） /094

一、目的 /094

二、适用范围 /094

三、晨会内容及程序 /095

四、注意事项 /096

五、三级晨会制 /097

六、晨会记录单 /097

第三节 现场整理整顿规范 /098

一、目的 /098

二、适用范围 /098

三、设施设备的地面定位 /098

四、办公室 /102

第四节　不要物处理程序　/107

一、定义　/107
二、目的　/107
三、适用范围　/107
四、职责划分　/107
五、工作程序　/108

第五节　改善备忘表　/110

一、目的　/110
二、适用范围　/110
三、填写要点　/110
四、7S 改善备忘表　/111

第六节　红牌作战　/112

一、定义　/112
二、目的　/112
三、适用范围　/112
四、红牌作战的组织　/113
五、红牌作战实施时间　/113
六、实施要点　/113

第七节　定点摄影　/118

一、定点摄影的定义　/118
二、定点摄影的基本要求　/118
三、定点摄影在 7S 中的应用　/119

第八节　目视化管理　/120

一、目视化管理的定义　/120
二、目视化的三境界　/120
三、目视化管理在 7S 中的作用　/121
四、目视化管理三大要求　/121
五、目视化管理在生产现场中的运用　/122
六、目视化管理是一个持续提升的过程　/125

第九节　看板管理　/126

一、看板管理的定义　/126
二、看板管理的作用　/126
三、7S 看板的基本内容　/127
四、看板设计制作的要求　/128
五、看板管理运用的注意事项　/128

第十节　7S 验收及评比　/130

一、目的　/130
二、适用范围　/130
三、验收程序　/130
四、准备工作　/131
五、7S 评委的工作要求　/131
六、分数计算方法　/133
七、奖励方案　/134
八、申诉制度　/134

第十一节　设备点检目视化　/135

一、目的　/135
二、适用范围　/135
三、现场设备点检内容　/135
四、设备点检位置编号原则　/140
五、点检标识　/140
六、点检定位点目视化　/141
七、定点位方向指引标准　/142

第十二节　区域清扫责任表　/144
　　一、目的　/144　　　　二、适用范围　/144

第十三节　清扫指导书　/146
　　一、目的　/146
　　二、适用范围　/146
　　三、实施步骤　/146
　　四、清扫要点、重点　/148

第十四节　点滴教育 OPL　/149
　　一、定义　/149
　　二、推行 OPL 的意义　/149
　　三、实施 OPL 的作用　/149
　　四、实施 OPL 的要求　/150
　　五、如何教育　/151
　　六、OPL 案例　/152

第十五节　合理化建议及改善提案　/153
　　一、目的　/153
　　二、适用范围　/153
　　三、制度的制定与修改　/153
　　四、具体规定　/153

第十六节　7S 手册（口袋书）　/161

Chapter 4 第四章 7S 推行活动

第一节　宣传活动　/165

一、摄影展　/165
二、微电影大赛　/167
三、连环画大赛　/168
四、诗歌朗诵会　/168
五、7S 简报　/169
六、7S 封面人物　/171
七、茶话会　/172
八、故事汇　/173
九、7S 大讲堂　/174
十、小喇叭　/176

第二节　现场活动　/178

一、7S 阵地战　/178
二、"地雷战"　/180
三、"麻雀战"　/181
四、"来找碴儿"　/182
五、积分葡萄卡　/183
六、技术"大比武"　/186
七、跳蚤市场　/188
八、一站到底　/189

第三节　总结活动　/193

一、7S 成果总结表彰大会　/193
二、现场观摩　/195

第四节　过程强化活动　/197

一、"21天"活动　/197
二、随手拍　/200
三、流动红旗　/201
四、月度评分评比　/202

第五章
7S 常用物资使用宝典

第一节　资料整理　/207
　　一、档案盒　/207　　二、书籍整理　/208

第二节　电源线整理　/209
　　一、束线管（包线管）/209　　四、带背胶线槽　/213
　　二、扎带、扎丝　/211　　五、收线盒　/214
　　三、电源线定位贴　/212

第三节　物品定位　/215
　　一、弗龙板　/215
　　二、自由组合隔板　/216
　　三、桌面物品定位贴　/216
　　四、柜内物品定位带　/217
　　五、地面物品定位地胶带　/218

第四节　标识制作　/220
　　一、标签打印机　/220　　三、制作标识常用物资　/222
　　二、刻绘机　/221

第五节　清除污渍小妙招　/224

第六节　油漆使用指引　/228
　　一、路面漆　/228　　三、刷漆流程/229
　　二、醇酸磁漆　/229

第七节　7S 推行验收评价　/230

　　一、样板区授牌　/230　　二、硬板文件夹　/230

第六章
7S 管理制度保障

第一节　7S 项目实施办法　/233

　　一、目的　/233　　　　五、奖惩规定　/235
　　二、适用范围　/233　　六、执行部门　/238
　　三、实施内容　/233　　七、实施日期　/238
　　四、实施办法　/235　　八、特别说明　/238

第二节　7S 奖惩管理制度　/239

　　一、总则　/239　　　　三、附则　/243
　　二、管理内容　/239

第三节　7S 督导师管理办法　/247

　　一、总则　/247　　　　四、管理考核　/248
　　二、素质要求　/247　　五、附则　/248
　　三、主要职责　/247

第四节　7S 长效检查评比方法　/250

参考文献　/267

鸣谢（排名不分先后）　**/268**

第一章 Chapter 1
7S 概论

第一节 7S 的历史演变及含义

一、从"5S"到"7S"的历史演变

（一）何为 5S

"5S"即整理（Seiri）、整顿（Seiton）、清扫（Seiso）、清洁（Seiketsu）、素养（Shitsuke）。它起源于日本制造业。第二次世界大战以后，日本制造业在进行国民经济重建的过程中发现现场管理很重要，于是找到了一个基本的方法，现场随时整理、整顿，之后进行清扫，接下来持续进行清洁，最终提高员工的素养。由于这五个词日语罗马拼音的第一个字母都是"S"，所以称为"5S"。

（二）"5S"的推广历史

"5S"作为一个重要的基础管理活动，发挥了重要作用。日本通过学习、实践美国的管理模式，然后又创造性地发挥，提出了精益生产，当时叫"JIT"，即准时生产，使日本的制造业水平大幅度提升。在 20 世纪 70 年代末期，日本的丰田汽车大面积占领了美国市场，对美国的制造业形成了非常大的冲击，麻省理工学院组织了国际上非常多的专家去日本研究，发现了 5S 和 QCC（品质管制圈）是广泛践行应用的方法，于是推而广之。

（三）"5S"的拓展

中国企业在实践当中发现，现场"5S"还要重视安全的管理，尤其对于发电企业、化工行业而言，安全尤为重要，所以就把"安全"加进去，而这个安全英文叫"Safety"，因此"5S"就变成"6S"，这是中国的一个创造。"安全"加进去之后，有利于强化员工的安全管理意识。在"6S"管理推行过程中，结合企业对节约的本质追求，在6S基础上增加了"节约"（Save）要素，从而形成现在的企业"7S"管理。

从"5S"到"7S"，"5S"还是核心，"6S"和"7S"都是"5S"带来的一个业绩结果，拓展"5S"的一个原因，就是要强化员工的安全意识和节约意识。

综上，中国企业开展以整理（Seiri）、整顿（Seiton）、清扫（Seiso）、清洁（Seiketsu）、素养（Shitsuke）、安全（Safety）和节约（Save）为内容的活动，称为"7S"活动，形成了具有中国特色的7S管理模式。

二、7S的含义

（一）整理的含义及实施要点

定义： 区分必需品和非必需品，把必需品保持在合适的数量（见图1-1-1）。

目的： 腾出空间，保证现场简洁通畅，使管理简单化。

图1-1-1 整理

整理是把要的和不要的东西区分开来，处理掉不需要的东西，便于管理，便于取用，防止混乱，这样现场就比较有序，空间就多出来了。另外，要特别关注"把必需品保持在合适的数量"，"量"的控制才是"整理"产生真正价值的核心。

现场要或不要的标准如何确定，是依照它的购买价格还是使用频度？做"5S"的第一步都会碰到这个问题，无从取舍。于是我们提出了一个标准：在工作场所，特别是在生产现场，要或不要的一个最重要的标准就是使用频度，员工在工位上作业随时要使用的东西，就要留下并且最近化放置。

（二）整顿的含义及实现要点

定义：必需品依规定定位、规定方法摆放整齐，明确标示（见图1-1-2）。

目的：工作井然有序，不浪费时间寻找物品，最大目标建立管理标准。

图1-1-2 整顿

整顿就是把需要的物品留下来分门别类，按类别区分定置定位，什么东西放在什么地方、怎么放，要根据物品的特点来进行。要摆放整齐，使之有序化，同时物品的基本信息要标识明确，利用标识的方法，方便员工及时地取用，最终妥善保管，这样使生产现场一目了然。

（三）清扫的含义及实现要点

定义：清除现场内的脏污，并防止故障的发生（见图1-1-3）。

目的：保持现场干净明亮，设备和工具状态良好。

图1-1-3　清扫

清扫在7S推行过程中有两层含义，第一层含义就是我们通常理解的打扫，清除大环境当中的垃圾、灰尘、积水、油污来保持现场干净明亮；第二层含义就是对设备的巡检和维护，通过日常巡检发现设备隐患，从而消除安全隐患和质量隐患。

（四）清洁的含义及实现要点

定义：将上面3S实施的做法制度化、规范化，维持其成果（见图1-1-4）。

目的：通过制度化来维持成果，成为标准化工作的基础。

图 1-1-4 清洁

清洁是持续进行整理、整顿、清扫,使这三个"S"制度化、规范化,持之以恒,创造出洁净、规范、一目了然的作业环境。第四步清洁是持续进行"3S",生产环境会跟产品质量水平有密切的关系,所以要使现场一目了然且非常洁净,这叫清洁。清洁讲究长期的固化,持续地进行规范化、制度化。

(五)素养的含义及实现要点

定义:人人依规定行事,养成良好的习惯(见图 1-1-5)。
目的:提升"人的品质",养成对任何工作都讲究认真的人。

图 1-1-5 素养

素养是通过过程使员工养成按照规定来做事的良好工作习惯,工作当中讲究礼节,与同事友好相处,真诚善良,轻松和谐,而且营造一种积极向上的人际氛围。通过组织大家来做整理、整顿、清扫,达到清洁的效果,慢慢地影响员工,特别是让员工养成一个按照规定做事的好习惯。提升员工素养是"7S"追求的终极目标。

(六)安全的含义及实现要点

定义:清除事故隐患,排除险情,保障员工的人身安全,确保安全生产(见图1-1-6)。

目的:创造对人和工程施工没有威胁的环境,避免安全事故和随之产生的灾害。

图1-1-6 安全

安全就是让员工按章操作,增强大家的安全意识,特别是通过风险预控等手段和方法强化现场安全,消除安全隐患,创造一个令人安心的生产环境,使员工在现场非常安心,能够有序地开展作业,不会有心理上的不适感和威胁感。

(七)节约的含义及实现要点

定义:合理利用时间、空间、能源等各类资源,发挥其最大的效能,从而创造一个高效、物尽其用的工作场所(见图1-1-7)。

目的:建立高效的盈利系统,让企业具备更强的竞争力。

图 1-1-7 节约

节约是全员通过参与精细化管理，持续实施现场改善来降低各损耗和浪费，点滴做起，积少成多，营造高效、环境友好的企业氛围。

前面阐述了 7 个 "S" 的含义，为了避免混淆，易于理解，用以下短句来描述 7S，能够方便记忆。

整理　工作场所，物需量适　　整顿　分门别类，取放便捷
清扫　环境整洁，设备良好　　清洁　形成制度，维持提升
素养　遵章守纪，养成习惯　　安全　风险预控，消除隐患
节约　消除浪费，提升价值

三、7 个 "S" 间的关联

7 个 "S" 并不是各自独立、互不相关的。它们之间是相互关联、密不可分的关系。整理是整顿的基础，整顿是整理的巩固和深化；清扫是保持和提升整理与整顿的手段，是对整理与整顿的日常检查和改善；清洁是保持前 3S 的成果，并使之制度化；素养是通过持续推行前 4S 来培养员工的自律精神，使员工养成遵章守纪的良好习惯，自觉开展整理、整顿、清扫、清洁活动；安全和节约是整理、整顿、清扫的提升目标，是 5S

管理的进一步深化。7 个"S"之间既是相辅相成、缺一不可的，又是彼此支撑、逐层递进的。从图 1-1-8 可知，整理、整顿、清扫是基本行为，清洁是前 3S 的保持和制度化，素养是自觉执行而逐渐形成习惯的过程，安全是企业实现可持续发展的保障，节约是实现精益价值的方法。

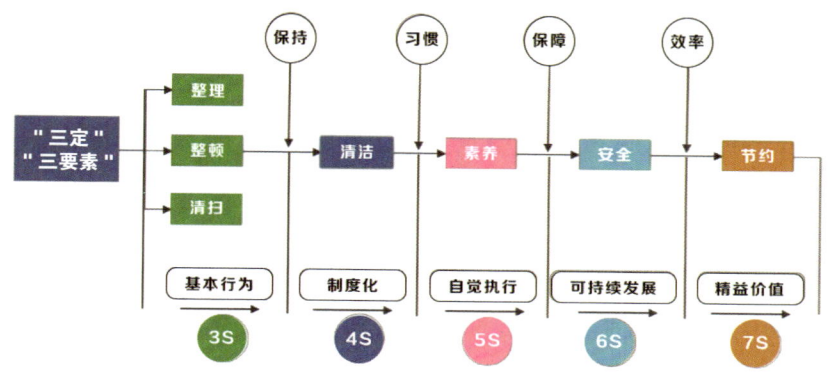

图 1-1-8　7S 关系图

图中的"三定"是指定点、定类、定量；"三要素"是指场所、方法、标识。

概括起来说，整理、整顿、清扫是方法，清洁是动力，素养是核心，安全是目标，节约是方向。所以，企业只有全面推行 7S 才能取得显著成效，不断提高管理水平，如图 1-1-9 所示。

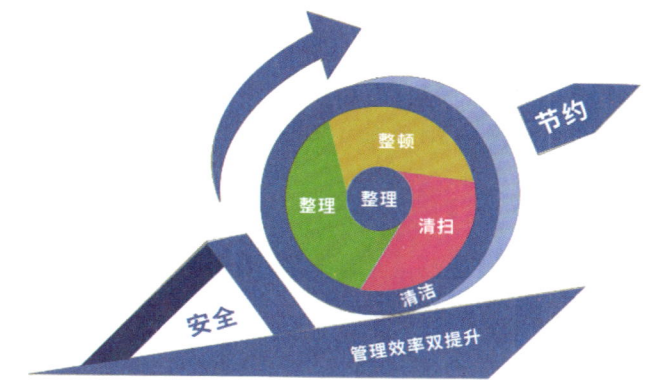

图 1-1-9　7S 作用结构图

第二节 推行 7S 的背景和意义

一、企业推行 7S 的背景

（一）企业管理的环境背景

随着社会经济的发展，企业面临的经营环境日趋复杂多变，市场竞争日益激烈，同时，能源结构加速向低碳、清洁方向转变，节能环保压力不断增加，对企业安全生产、成本控制和内部管理提出了更高要求。

外部环境和企业生存发展的内在需求，使企业迫切需要一种有效的管理工具和手段来强化基础管理，提升企业的竞争能力、抗风险能力和可持续发展能力。企业要想在激烈的市场竞争中立于不败之地、实现可持续发展、争创一流，就要扎扎实实地从现场管理抓起，从解决身边的问题开始，努力夯实基础管理，使自身拥有更加强健的体魄。

（二）企业普遍存在的问题

企业普遍存在的问题，如表 1-2-1 所示。

表 1-2-1　企业普遍存在的问题

要素	现状	
人	·员工士气不振 ·制度执行不力 ·合作意识差	·责任心不强 ·归属感不强
机	·设备长期存在跑、冒、滴、漏现象 ·设备故障频繁	·设备可靠性差，经常限出力 ·设备有污垢、积油和积尘
料	·物品标识不清 ·备件、零件堆积	·备品、备件存储保养不当 ·物料在库管理不善，损耗大
法	·作业流程不畅，损耗大 ·检修工艺差，重复性缺陷多	·习惯性违章屡禁不止 ·运行操作不当，耗差大
环	·通道堵塞 ·生产环境脏乱差 ·噪声超标	·垃圾杂物随处可见 ·标识不清，应急逃生路线无规划
信息化	·数据不准确 ·信息传递不流畅	·数据不能共享 ·数据流转时间长，影响效率

（三）7S 管理是企业管理的基础

　　7S 管理适用于企业生产现场、仓库、厂区环境、办公室、宿舍、餐厅及其他场所，能够消除工作环境的脏、乱、差，保持工作现场井井有条，提高工作质量和效率，同时能激发员工的士气和责任感，使其养成认真工作、规范操作的良好习惯，从而提升企业形象和竞争力。

　　创造最大的利润和社会效益是企业永恒的目标。而现代企业管理的关注点主要是 Q（Quality：品质）、C（Cost：成本）、D（Delivery：交付）、S（Service：服务）、T（Technology：技术）、M（Management：管理）几个方面。

Q（品质）——品质是企业价值与社会尊重度的体现。 品质稳定生产是企业生存和发展的基础，7S 能实现生产过程的标准化、规范化，减少人为失误造成的生产损失，使企业能够提供更加稳定可靠的生产品质。

C（成本）——成本是企业竞争力的决定因素之一。 随着社会经济发展和供大于求的市场环境的形成，企业已经不可避免地进入了高成本、低单价的"微利时代"。7S 管理可以有效减少浪费、提高效益，帮助企业降低生产成本、获得竞争优势。

D（交付）——交付是赢得客户满意度的关键。 为了在日益激烈的市场竞争中取得先机，企业要努力提高员工的作业水平、设备可靠性和生产稳定性，确保如期交货。7S 管理能够帮助企业员工按标准作业，及时发现并消除设备隐患，提高设备健康水平，减小生产的波动性，使企业能够有效满足客户的交货期需求。

S（服务）——服务是企业内部各环节的枢纽带。 在企业内部，推行 7S 管理可以提高员工素养，使员工各司其职、主动工作，提高工作效率和管理效率，营造良好的团队氛围，使企业内部协同配合、高效运转。

T（技术）——技术体现企业的生产技术能力和水平。 未来的竞争是技术的竞争，只有重视和提升技术管理水平，才能不断降低成本、提高生产能力。7S 通过标准化来优化、累积技术，通过提案改善培养员工的创新能力，在企业内部形成关注技术创新、重视人才成长的良好氛围，可以有效提升企业的技术水平和创新能力。

M（管理）——管理是企业综合实力和提升效益的转化器。 从生产效益的狭义角度上讲，管理可分为对人的管理、对设备的管理、对材料的管理、对方法的管理和对环境的管理。7S 通过对人员、机器设备、生产材料、工作方法，以及作业环境的科学化、规范化管理，实现人、机、料、法、环的最优配合，使企业实现管理效益最优化。

总之，7S 可以有效管控 Q、C、D、S、T、M 六大要素，使之处于最佳状态。因此，7S 是企业基础管理的重要手段。

二、7S 管理在企业中的作用

推行 7S 是生产现场管理的基础和手段。开展整理、整顿、清扫、清洁、素养、安全、节约活动，能消除生产现场的不利因素，起到保障安全生产、提高设备健康水平、降低生产成本、改善生产环境、鼓舞员工士气和塑造企业良好形象的作用。

（一）保障安全生产——实现事故为零、污染为零的目标

1. 事故为零

事故为零，是指人的不安全行为和物的不安全状态得到规避，员工的风险防范能力得到提高，最终实现安全可控、在控，事故为零的目标，如图 1-2-1 所示。

◆ 整理、整顿后，通道和逃生路线等不会被占用。

◆ 作业实行定置管理，员工正确使用劳动保护用具，不会违规作业。

◆ 物品放置、搬运、贮存、保养等都考虑了安全因素。

◆ 现场安全标志齐全，介质流向和标牌清晰，能够防止误入和误操作。

图 1-2-1　事故为零

◆所有设备都进行清扫，能预先发现存在的问题，有效消除设备隐患。

◆危险源得到辨识和控制，应急预案齐备，应急处理程序清晰，突发事件能得到妥善处置。

◆工作场所宽敞、明亮、通畅，现场一目了然，安全隐患易于发现和治理。

2. 污染为零

污染为零，是指设备、设施可靠性高，状态良好，没有跑、冒、滴、漏，符合或优于环保要求。

◆设备设施排放指标符合或优于国家标准。

◆粉尘、噪声、气体得到控制和改善，作业环境良好。

◆员工正确佩戴劳保用品，安全防护符合要求。

◆现场环境整洁有序，没有脏乱差等现象。

◆余料、尾材等尽量变废为宝。

（二）提高设备可靠性——实现设备缺陷为零的目标

缺陷为零，是指设备在规定的时限内运行可靠，不出现故障或性能不足、降负荷的情况，如图1-2-2所示。

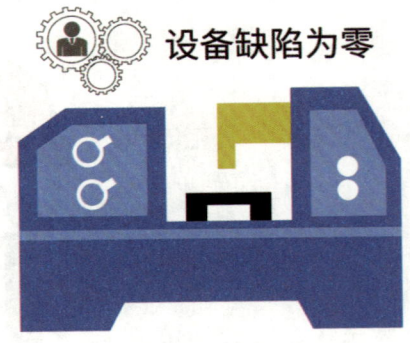

图1-2-2　设备缺陷为零

◆目视化管理,使设备状态、指标数据一目了然,为设备管理奠定良好基础。

◆污染源治理,现场无七漏(漏水、漏油、漏气、漏煤、漏粉、漏灰、漏汽)。

◆运行人员操作熟练、精细调整,避免出现超温、超压等影响设备健康的事件。

◆设备维护保养到位,每日进行点检,缺陷早发现、早处理,防患于未然。

(三)规范企业管理——实现差错为零的目标

差错为零,是指员工对标准的执行度和工作的熟练度高,操作正确、快速,符合运行操作、检修工艺、管理活动的要求。

◆在推进7S活动中,逐渐形成公司的制度标准体系,减少出错的可能。

◆员工养成遵章守纪的良好习惯,形成认真、严谨的工作作风,按规范的标准去操作不容易出错。

◆目视化的现场,任何状态都一目了然,员工不易出错,出错了也能迅速发现。

(四)促进降本增效——实现浪费为零的目标

浪费为零,是指企业在生产经营活动中,"损耗"最小,"价值"最大,如图1-2-3所示。

◆7S能减少库存量,避免零件、材料、备件库存过多,避免储

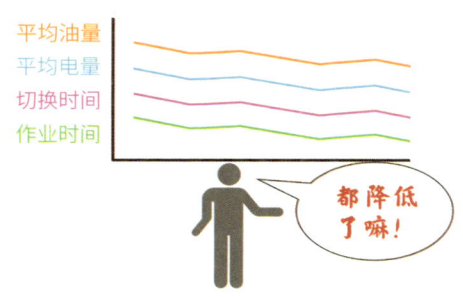

图1-2-3 追求浪费为零

存设施和搬运工具过剩。

◆避免购置不必要的设备、备件、工器具及办公物品等。

◆避免"查找""搬运""等待"等造成的浪费。

◆优化运行操作方法，降低耗差，提高经济效益。

◆流程优化，可以消除不必要的审批环节等管理流程，提高企业管理效率。

（五）树立企业形象——实现投诉为零的目标

投诉为零。7S 是标准化的推动者，人们能正确地执行各项规章制度；去任何岗位都能立即上岗作业；谁都明白工作该怎么做，怎样才算做好了；工作方便又舒适；每天都有所改善，有所进步。

（六）提升员工素养——实现违章为零的目标

违章为零，是指员工在生产过程中，遵守安全生产有关法律、规章制度规定，没有违章指挥、违章作业、违反劳动纪律的行为。

◆目视化现场、规范化流程，使违章的可能性降至最小。

◆通过推行 7S，员工养成遵章守纪的习惯，不会违反法律法规、规章制度，不发生"三违"行为，如图 1-2-4 所示。

图 1-2-4　遵守要求

总而言之，通过 7S 管理的推行和应用，企业能够实现可持续发展，逐渐成为行业内有影响力的企业，并且至少达到以下四个相关方的满意。

投资者满意（IS——investor satisfaction），通过 7S，使企业管理效益提升，投资者可以获得更大的利润和回报。

客户满意（CS——customer satisfaction），通过 7S，企业可以具备高质量、低成本、技术水平高、交付及时的实力。

员工满意（ES——employee satisfaction），通过 7S，使企业效益提高，员工待遇好，幸福指数高，每个员工都能有较强的幸福感和成就感。

社会满意（SS——society satisfaction），通过 7S，企业能够积极回馈社会，热心公益事业，支持环境保护，树立良好的社会形象和品牌美誉度。

第二章 Chapter 2
7S 推行实施

第一节 推行准备

SECTION 1

兵马未动,粮草先行。7S 是一个系统的工作,需要相应的人力、物力、政策上的资源支持。总结企业推行 7S 管理多年的经验,发现顺利推进 7S 并取得成效的企业都有几个共同的特点:一是领导高度重视,并在政策和资源上给予支持;二是抽调精兵强将组建推行团队;三是事先做好规划,全员参与。

一、推行组织

7S 能否按计划推进并取得预期的效果,与是否有一个强有力的推行组织有极大关系。

企业决定推行 7S 后,应成立 7S 推行委员会、7S 推进办公室等组织机构,并明确推行组织的职责分工。推行组织结构如图 2-1-1 所示。

（一）推行组织及职责

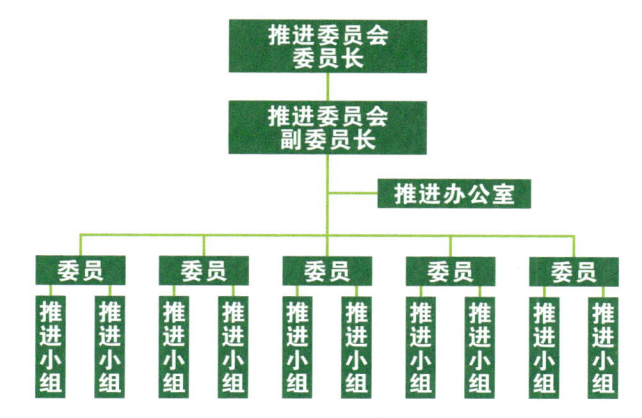

图 2-1-1　推行组织结构

1. 推进委员会职责

（1）确定 7S 推行方针和目标。

（2）审批 7S 推行计划和方案。

（3）审批 7S 推行管理制度。

（4）审批 7S 推行预算。

（5）为 7S 工作提供物资保障。

（6）审批 7S 推行结果。

（7）协调、解决 7S 推进过程中的重大问题。

2. 推进办公室职责

（1）编制 7S 推进计划、方案。

（2）组织 7S 推进知识、技术培训。

（3）配合宣传部门开展 7S 相关宣传。

（4）指导 7S 的具体工作，监督 7S 推进质量、进度。

（5）组织 7S 评比验收。

（6）组织召开 7S 推进过程中的相关会议、活动。

（7）协调 7S 推进相关物资保障。

（8）编制 7S 推行管理制度及技术标准文件。

（二）推行组织成员职责及选拔标准

1. 推进委员会委员长

（1）推进委员会委员长一般由企业最高领导担任，如最高领导长期在外，可由最高领导授权其他有号召力的高层领导担任。

（2）推进委员会委员长职责如下。

1）制定公司 7S 推进战略目标。

2）负责 7S 推进委员会成员的任免和管理。

3）负责 7S 推进政策和制度的审批。

4）负责 7S 推进预算的审批。

5）对 7S 推进中各种重要事务进行裁决。

2. 推进委员会副委员长

（1）推进委员会副委员长由公司领导班子成员担任。

（2）推进委员会副委员长职责如下。

1）协助推进委员会委员长管理推进委员会成员，界定各成员职责，并定期检查各成员的履职情况。

2）审核公司 7S 推进计划。

3）审批 7S 推进过程中的各项支出。

4）审批 7S 体系文件。

5）参与 7S 推进中的各种大型会议，动员和激励全体员工。

6）对排除 7S 推进中的关键性障碍提供支持。

7）对 7S 推进的最终结果进行认定。

8）7S 进入维持阶段后，为 7S 推进提供长期的政策及资源支持。

3. 推进办公室主任

（1）推进办公室主任由公司选拔熟知企业状况又极具执

行力和推动力的中层管理人员担任。

（2）推进办主任的主要职责如下。

1）负责 7S 推进办成员的推荐和管理工作。

2）组织相关人员编制公司 7S 推进计划，呈报委员会审批。

3）组织相关人员编制 7S 推进管理制度，并进行审核。

4）组织相关人员编制 7S 技术规范，并进行审核。

5）规划 7S 推进中的各种资源配备，并提供支持。

6）协调各部门与 7S 推进办的整体对接。

7）负责跟踪和管理 7S 推进情况，及时组织各部门探讨 7S 推进中的问题，并找到对策。

8）在 7S 推进中，对各部门表现进行评定，及时申报奖惩。

9）7S 固化后，为各部门 7S 推进的长期实施提供支持。

4. 推进办成员

（1）推进办成员由推进委员会委员任命，需要具备良好的沟通协调能力、学习力、执行力、体能，熟悉计算机办公软件操作最佳。

（2）推进办成员职责如下。

1）组织 7S 相关知识和技术培训。

2）督促各部门按照推进计划落实各项工作。

3）提供 7S 推进过程中必要的技术指导和支持。

4）统计和核实各区域申报的 7S 推进所需的通用物资，统一采购，并跟进进度，确保物资及时到位。

5）定期检查各部门推进情况，在进度、工艺、材料和质量出现异常时，及时提出整改要求。

6）收集推进过程中的优秀案例，配合相关部门进行及时的宣传报道。

7）组织督导师定期总结、交流 7S 推进经验和成果，并进行推广。

8）组织定期 7S 例会，协调各部门推进事宜，通报 7S 工作进展，宣贯公司最新的 7S 工作要求，并做好会议纪要。

9）定期对推进状况进行阶段性总结，提交书面报告。

10）按计划组织 7S 验收评比工作，根据制度提出奖惩建议，提交推进办主任审核，呈报推进委员会委员长审批。

11）定期组织召开 7S 表彰大会，对优秀创建区及个人进行表彰，并进行成果发布和经验推广。

12）组织 7S 相关知识竞赛、有奖征文等各项 7S 活动。

13）组织督导师编制 7S 相关技术标准文件，并及时更新。

14）组织长效维持阶段的月度、季度、年度评比，根据结果提出奖惩建议，提交推进办主任审核，呈报推进委员会委员长审批。

5. 推进委员会委员

（1）推进委员会委员由各部门负责人担任。

（2）推进委员会委员职责如下。

1）落实委员会下达给本部门的工作内容。

2）组织本部门员工参加公司组织的 7S 知识培训。

3）根据公司的 7S 推进计划，拟订本部门的推进计划，明确推进目标与责任，呈报委员会审核。

4）根据委员会的要求，配合其他部门完成属于本部门专业的部分工作。

5）参加公司 7S 例会，及时反馈本部门 7S 工作进展，做好会议记录，将会议要求传达给本部门员工。

6）审核本部门的推进方案，并对专业技术部分负责。

7）审核本部门的支出预算，控制成本，减少浪费。

8）为本部门员工提供和协调推进 7S 过程中所需的资源（包括物资材料、其他专业的配合等）。

9）在 7S 推进中，对本部门员工表现进行评定，及时申报奖惩。

10）组织本部门推进过程的自查自纠工作。

11）7S 固化后，为本部门 7S 推进的长期实施提供支持。

6. 各推进小组组长职责

（1）积极参与学习 7S 知识和推进技巧，并在班组内进行辅导教育。

（2）向班组员工宣贯公司 7S 相关政策，发动员工积极参与。

（3）依据企业 7S 活动计划进度表，将班组 7S 活动分解为工作计划表。

（4）组织班组员工完成班组 7S 创建区的打造和维持。

（5）组织班组员工参与企业、部门、班组的 7S 宣传活动。

（6）协助班组员工解决 7S 推进中的问题与难点。

（7）督促班组员工执行定期清扫和点检工作。

（8）定期总结班组 7S 推进工作，对优秀案例及表现优秀的员工提出表扬，达到公司奖励标准的及时申报奖励。

7. 督导师

（1）素质要求如下。

1）有较强的责任心、工作热情和服务意识。

2）有较强的执行力及沟通协调能力。

3）有丰富的本部门专业技术和管理经验。

4）掌握 7S 推进的基础知识，熟悉目视化管理、看板管理等工具应用。

（2）督导师职责如下。

1）负责所辖 7S 区域推进过程及常态化管理的现场监督与指导工作。

2）按时参加 7S 推进办公室及相关管理部门组织的各种会

议和相关活动。

3）及时向 7S 推进办公室专责、部门领导反馈 7S 推进情况、区域改善情况，并对区域改善情况进行评价。

4）评估 7S 管理过程中需要的资源，汇总制订物资需求计划和预算，上报计划并跟踪落实。

5）负责协调解决区域改善中出现的问题。

6）负责收集、整理、上报区域的改善创意。

7）对 7S 推进工作提出考核建议。

二、推进计划

推进计划是 7S 推进工作的作战部署，可以这么说，有好的作战部署（推进计划），整个 7S 推进工作就成功了一半。只有充分调研企业现状，结合目前的人、财、物配置情况拿出行之有效的对策，才能制订出符合实际的 7S 推进计划。

（一）编制 7S 推进计划的要点和注意事项

按照 PDCA 原理，推进计划一般分四大部分，如表 2-1-1 所示。

表 2-1-1 推进计划

类别	项次	推进项目内容	第1月	第2月	第3月	第4月	第5月	第6月	……	目的	文件记录
组织和前期准备 (P)	一	领导重视与推行组织确立								指明企业7S的实施方向，从组织上确保7S的顺利开展	组织架构图、职责分工表、口号
	1	7S推进组组建立	启动前								
	2	各责任区域（单元）职责明确		公布							
	3	推行口号（方针）的明确		拟定公布							
	二	前期工作准备								保证7S的资源、物资迅速到位	预算表、申请书、场所挂牌
	1	基本费用预算、准备	第1次	第2次	第3次						
	2	物资、用品确定、申购			预算审批和制度确定						
	3	推行办公室工作场所确定	启动前			（绿色通道）					
	4	工作场所配套设置	启动前								
	三	宣传和培训								营造氛围，让员工理解和掌握7S的精髓	《7S项目宣传策划方案》、培训讲义学员版、考核试题
	1	7S活动宣传策划、实施	启动前	样板期		定期全方位实施宣贯					
	2	7S相关知识学习和培训		督导师训练	全员	专项训练（每次2H）		督导师			
	3	7S相关知识考核		征文每月一期		口号、标语征集、制作					
	4	征文、口号、标语征集活动									
	四	推行体制、制度确立		全面展开前						激发员工主动改善的意愿，为管理者提供推进的压力和动力，创造积极向上的工作氛围	推行周报、会议记录、月表彰结果、《7S项目实施办法》
	1	7S实施办法制定		制度制定							
	2	周报制度		制度制定		制度实施					
	3	例会制度		制度制定		制度实施					
	4	定期发表、报告制度			制度制定		每月实施				

续表

类别	项次	推进项目内容	第1月	第2月	第3月	第4月	第5月	第6月	……	目的	文件记录
样板和全面实施（D）	五	样板区的建立									
	1	现场诊断	全公司								
	2	样板区选定（含生产区域、典型设备、重点仓储、维修区域、实验室、班组办公室、个人办公室等）									
	3	样板区现状分析和规划								提供现场示范，训练内部推进人员，为全面改善积累第一手经验	整改单、样板整改前后对比照片、《样板观摩实施方法》
	4	不要物的清理									
	5	"三定""三要素"管理									
	6	区域布局改善									
	7	样板区的学习观摩			分批学习						
	六	整理整顿全面展开									
	1	破冰行动——誓师大会								创造规范有序、整洁优美、温馨明快的工作环境，树立卓越的企业形象	《整理整顿若干规定》《不要物处理流程》《创意改善申报表》《参观路线和整治实施规划》《7S实施标准目视化规划方案》等
	2	整理整顿规划、方法学习									
	3	标识的设计和制作									
	4	全面工作环境的整治和改善				"三定""三要素"的彻底全面实施					
	5	全厂目视化规划									
	6	参观路线（亮点、景点）的设计和实施									
	7	电子资料7S管理实施									

续表

类别	项次	推进项目内容	第1月	第2月	第3月	第4月	第5月	第6月	……	目的	文件记录
样板和全面实施(D)	七	设备清扫全面自主管理推进								保证设备状态良好、运行稳定，一目了然	设备点检作业指导书（样板）
	1	设备管理目视化推行（成果固化）									
	八	制度固化								使现场具备自主实施7S的能力，确保7S坚持下去，直到成功习惯	晨会记录、区域点检巡查记录、《7S实施标准》、《优秀案例集》
	1	现场7S实施标准规范									
	2	晨会制度		班组晨会			每月一期				
	3	看板管理		设计和制作				修订			
	4	区域责任制度									
	5	《7S实施标准》及《优秀案例集》的制定发行					制定				
	九	全员参与改善的系统								提高员工的改善积极性和主动性，提高员工的改善技能，促进现场的活性化	《改善提案实施制度》、员工改善提案、发表报告
	1	创意改善活动展开									
	2	改善提案的流程、激励机制									
	3	定期的提案发表和交流									

续表

类别	项次	推进项目内容	第1月	第2月	第3月	第4月	第5月	第6月	……	目的	文件记录
评价和验收阶段(C)	十	考核前期准备				提名、考核、颁证				7S督导师和考评、改善制度，为7S高水准长期运行和持续提升提供原动力	督导师证书、《7S评价考核方法》、《生产现场考核标准》、《办公区考核标准》《加权系数标准》
	1	7S督导师的考核、选拔和认定									
	2	评比考核办法的制定			制定、公布						
	3	考核标准的制定									
	4	加权系数的制定和公布		统计参数							
	5	评委的选定和训练									
	十一	各阶段考核实施									验收结果、成绩、指责事项记录
	1	样板区验收									
	2	第一次考核（20%）									
	3	最终考核（80%）					公布				
	4	考核成果的统计和公布、表彰									
	十二	其他监控措施									整改结果、巡查结果和跟进表
	1	整改跟进确认									
	2	领导巡视、现场巡查的实施									

续表

类别	项次	推进项目内容	第1月	第2月	第3月	第4月	第5月	第6月	……	目的	文件记录
	十三	奖优罚劣，争创一流								树立标杆，营造积极、主动、向上的氛围	评比规则、评比结果
	1	优秀样板区评比									
	2	优秀个人评比									
	3	优秀班组、部门评比									
总结和反省(A)	十四	各阶段考核实施								7S只有起点，没有终点，阶段总结是检修站和加油站	总结报告、后续建议
	1	总结报告的编写、发表训练		编写			编写				
	2	推进成果发布									
	3	阶段总结、检讨与奖惩									
	4	持续改善（管理进一步提升）	建立组织、宣传造势、物资准备	宣传培训、建立样板	参观通道规划、设计，观摩和选定区域展开			参观通道打造，设备目视化、全厂外围目视化实施	制度设计运行和合理化改善		
		每阶段重点									

说明：以上计划根据现场调研情况制订，推行过程中将按实际工作状况和进度进行调整。

1. 组织和前期准备阶段（P 阶段）

（1）包括建立 7S 推进组织、制定 7S 方针和目标、宣传策划及培训教育等内容。

（2）企业根据推进 7S 的初衷制定推进长期目标和短期目标。

（3）7S 正式实施前的宣传和培训造势非常重要，短时间内让全体员工知道现存的问题，让全体员工了解 7S，了解公司推进 7S 的目的和决心，统一认识，激起员工对 7S 活动的热情和兴趣，积极参与其中。

（4）常用的宣传内容：口号、标语、倡议书、7S 推进方针、7S 基础知识、7S 经典案例（借鉴）等。

（5）常用的宣传手段：看板、内部期刊、电子展屏、内部文件、公司官网、公司微信公众号、微信群、朋友圈等，如图 2-1-2 所示。

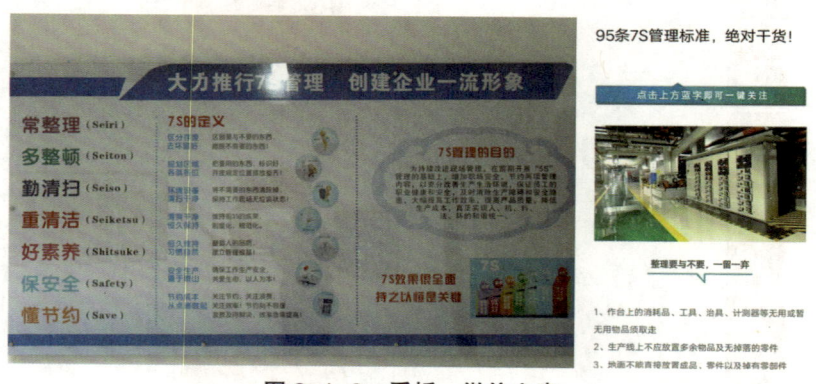

图 2-1-2　看板、微信文章

2. 样板和全面实施阶段（D 阶段）

实施阶段分为样板区试行阶段和全面实施阶段。

7S 推进初期，员工对 7S 的理解还不够深刻，在理念、工具和方法上都有很多不确定性，同时存在不少疑虑：该怎样做，做到什么标准，什么样的才是最适合本企业的？没有解决这些问题之前盲目全面展开，有可能导致大范围的返工或失败，浪费人力、财力的同时，让员工对 7S 产生抵触情绪，以后的推进工作更难开展。

样板区就像中国的经济特区，先行先试，探索出一条适合中国经济改革之路，辐射全国，起到示范作用。

（1）在样板区试行相应的工具、材料、工艺和方法，总结经验，形成标准化，以点带面，在全企业范围内横向推广。项目物料讲解如图 2-1-3 所示。

图 2-1-3　项目物料讲解

（2）在员工对 7S 理解认识不足时，样板区能提供一个可视化的、鲜活的模板，供学习和借鉴。

（3）推行样板区期间，集全公司之力来打造，高标准、高要求，往往效果非常显著，增强员工信心，提振士气。

（4）样板区的选择标准如下。

1）硬件条件差，或者基础差、问题多，推进有一定难度的区域。

2）有代表性、推广时有借鉴意义的区域。

3）部门负责人积极性高，有能力推动。

4）区域相对独立，责任人明确。

5）整改工作量适度，人手较充分，能够短期见效。

（5）全面展开阶段的注意事项如下。

1）将全厂（公司）划分为若干个区域（不留死角），相同性质的区域大小、推进难度不宜差距过大，每个区域工作量最好能在1~2个月内完成。

2）根据公司的战略计划预估整体推进时间，将区域分批次开展。

3）7S推进工作和生产任务的平衡。

4）同一阶段不同部门的工作量平衡。

5）推进过程中会产生粉尘等污染源，会对相邻区域产生影响的区域宜综合考虑。

6）外部资源的配合能力，比如广告公司、土建单位等，因为它们的匹配度会影响到推进进度和质量。

7）对推进过程中的优秀案例、员工创意进行宣传，鼓励员工比、学、赶、超。

3. 评价和验收阶段（C阶段）

（1）要对每批推进区域进行验收评比，并根据奖惩制度对优秀区域和个人进行奖励。

（2）定期组织召开表彰会和成果发布会，对优秀的创建区进行表彰，并请优秀创建区介绍经验。

（3）将优秀案例和成功经验进行宣传和推广。

4. 总结和反省阶段（A阶段）

（1）推进办和督导师要定期整理现场发现的问题，对于容易出错、反复出错的问题提出解决方案和防范措施。

（2）讨论分析目前发现的问题，找出根本原因，研究对策。

（3）总结推进过程中的经验，形成7S技术标准，修订和完善相关管理制度。

三、召开誓师大会

在决定推进 7S 时，虽然领导的决心和毅力都很大，但是真正能够从全局的观念、发展的态度来 100% 支持并配合的员工，一般也就占 20%～30%。员工的想法很多，有的担心没有实效，有的担心触及自己的利益，有的担心枪打出头鸟……因各种各样的想法，员工就容易裹足不前，形成一种观望的态度，持这种观望态度的员工占 50%～60%。在观望期间，他们要么按兵不动，要么只是做做应场景的表面工作。有了这种观望，7S 活动像在冰面滑行，虽然感觉很"顺畅"，没有阻力，但是 7S 没有办法深入，久而久之，大家都用这种应付式的态度推进工作，最终导致 7S 轰轰烈烈开始，冷冷清清收场。

所以，企业领导应认识到这种观望情绪的危害性，7S 活动一开始就要进行员工意识上的"破冰行动"，即召开"誓师大会"等形式的活动，表明态度和立场，并要求所有领导干部当众立下"军令状"，只许成功，不许失败。干部既然当众立下了"军令状"，就会很认真对待这件事情，干部动起来了，员工也容易发动起来，这种活动，我们称之为 7S 第一活动——破冰行动。

破冰行动的方式有很多，可以根据企业的不同状况采取相应方式，如全员誓师大会、员工动员大会、启动茶话会、演讲比赛、辩论赛、小组 PK 等。附某公司 7S 管理项目誓师大会议程，如表 2-1-2 所示。

表 2-1-2　7S 管理项目誓师大会议程

议题	责任人	时间	备注
1. 推行 7S 项目对公司的意义	推进委员会委员长	5 分钟	发言稿
2. 宣读《7S 项目实施办法》（含口号、组织架构等）	推进办主任	12 分钟	《7S 项目实施办法》
3. 宣布 7S 样板区域	推进委员会副委员长	3 分钟	样板区清单
4. 宣布 7S 督导师名单	推进委员会副委员长	5 分钟	督导师名单
5. 项目说明及第一阶段日程安排	顾问师	10 分钟	PPT
6. 项目实施的要求　主动参与　积极动手	推进委员会副委员长	15 分钟	发言稿
7. 样板区代表表态	样板区代表	5 分钟	发言稿
8. 宣誓	全体参与人员	2 分钟	发言稿

四、全员 7S 培训

开展全员 7S 培训，不仅仅是让员工了解 7S 的知识、推进步骤和方法，更重要的是让员工了解企业推进 7S 的目的和意义，潜移默化地转变员工的观念，激发员工参与的热情与积极性。

（一）培训内容及培训方式

针对不同层面的人员，培训内容和培训方式也应有所不同，全员 7S 培训大纲如表 2-1-3 所示。

表 2-1-3　全员 7S 培训大纲

培训对象	培训内容	培训方式
管理人员	7S 基础知识 7S 给企业带来什么好处 7S 推进步骤和方法	交流会 座谈会 课堂式培训
基层员工	7S 基础知识 7S 给工作带来的好处 7S 经典案例解读 7S 在实际工作中如何推行	课堂式培训 现场实践
推进办 成员 督导师	7S 基础知识 7S 给企业带来的好处 7S 思维 7S 推进步骤和方法 7S 推进十八般兵器 7S 推进与持续改善方法 7S 经典案例解读 7S 实战经验交流与研讨	课堂式培训 现场实践 交流会

培训最好请经验丰富的专业讲师、7S 管理专家主讲，他们的专业经验、丰富的案例、与学员的互动和对课堂氛围的把控会大大提升培训效果，打响 7S 推进的第一战。

除了集中式培训，公司还可以购买相应的 7S 专业书籍，发给员工进行自主学习并组织员工交流学习心得，讨论 7S 工作计划。

此外，组织员工代表到成功推进 7S 的企业交流也是非常好的学习方式，参观别人推进 7S 取得的丰硕成果，亲自感受别人推进 7S 带来的变化，员工的内心会受到强烈的触动，激发灵感和斗志。

（二）培训效果评估

开展 7S 相关培训后，可以通过笔试、知识竞赛、现场实战来检测员工的掌握情况。不同的学习方式可以采用不同的评估方式，7S 培训效果评估方式应对表如表 2-1-4 所示。

表 2-1-4　7S 培训效果评估方式应对表

培训方式	评估方式
1. 课程培训	7S 知识笔试测验 7S 知识竞赛
2. 现场实战	现场演示 现场讲解
3. 自主学习	7S 知识笔试测验
4. 外出参观	交流参观心得 经验借鉴总结 7S 推进思路讨论

7S 基础知识测试题

一、填空题

1. 7S 指的是什么？

答：_____、_____、_____、_____、_____、_____、_____。

2. 7S 中"清洁"是指什么？

答：_____。

3. 区分工作场所内的物品为"要的"和"不要的"是属于 7S 中的哪一项范围？

答：_____。

4. 物品乱摆放属于 7S 中哪一项处理的内容？

答：_____。

5. 整顿的本质是重在什么？

答：_____。

6. 7S 中哪一项重在使现场消除脏污？

答：_____。

7. 保管员只要清楚物品在哪里，标识与否并没有关系？

答：_____。

8. 7S 中哪一项是针对人素质的提升，也是 7S 活动的最终目的？

答：_____。

9. 7S 活动是短期性的工作，还是持久性的工作？

答：_____。

10. 行走中抽烟、烟蒂任意丢弃是 7S 中的哪一项范畴？

答：_____。

二、单项选择题

1. 谁承担 7S 活动成败的责任?
   （1）总经理　　　（2）推进委员会
   （3）管理者　　　（4）公司全体

2. 公司什么地方需要整理整顿?
   （1）生产车间　　　　　　（2）办公室
   （3）全公司的每个地方　　（4）仓库

3. 整理主要是排除什么浪费?
   （1）时间　（2）工具　（3）空间　（4）包装物

4. 我们对 7S 应有的态度是什么?
   （1）口里应付，做做形式　（2）积极参与行动
   （3）事不关己　　　　　　（4）看别人如何行动再说

5. 公司的 7S 应如何做?
   （1）7S 是日常工作的一部分，靠大家持之以恒做下去
   （2）第一次有计划地大家做，以后靠员工做
   （3）做几个月就可以了
   （4）车间做就行了

6. 推进 7S 的最终目标是什么?
   （1）人人有素养　　（2）地、物干净
   （3）工厂有制度　　（4）工作效率高

7. 清扫在工作中的位置是什么?
   （1）下班再清扫就行了　（2）清扫是工作中的一部分
   （3）地、物干净　　　　（4）清扫会影响生产效率

三、多项选择题

1. 7S 和工作质量的关系?
   （1）工作方便　　（2）改善工作质量

（3）提升效率　　（4）没有多大关系

2. 7S 与公司及员工有哪些关系？

　　（1）提升公司形象　　（2）增加工作时间

　　（3）增加工作负担　　（4）安全有保障

3. 对工作环境正确的要求有？

　　（1）要整齐干净、标识清楚

　　（2）垃圾入桶、物品不落地

　　（3）大概可以了

　　（4）目前条件已无法再改善

SECTION 2
第二节 推进步骤

7S活动开展起来比较容易，大部分还搞得轰轰烈烈，短时间内效果显著，但坚持下去，持之以恒，成为习惯并不断优化的不多见，很多企业存在"一紧、二松、三垮台、四重来"的现象。因此，7S活动贵在坚持。

工厂推行7S活动一般都会遭遇以下问题。

◆ 员工不愿配合，未按规定摆放或不按标准来做。
◆ 事前规划不足，不好摆放及不合理之处很多。
◆ 呆滞料太多，厂房空间不足，物料无处堆放。
◆ 实施不够彻底，积极性不高，抱着应付心态。
◆ 维持制度不合理，应付无法激励士气。
◆ 评价人员失去了公平竞争的意义。

这些问题主要来自员工心底深处的意识障碍，如以下几点。

◆ "推进整理、整顿，又不能提高生产效率。"
◆ "我们这水平算是蛮不错的了！"
◆ "文件、资料一大堆，这么多要求，做不到！"
◆ "7S呀？那是生产部门的事。"
◆ "天天加班，哪有时间搞整理整顿？"
◆ "需要的时候能找到就行了，我喜欢怎样做就怎样做。"
◆ "搞那么干净干吗？反正没两下又脏了。"
◆ "说说而已，别当真。"

- "几十年都这样，都已经习惯啦。"
- "高抬贵手嘛，给点面子啊！"

针对以上问题，7S 推进必须扎扎实实做好每一个步骤，在人员、资源、共识、体制、激励方面有效组织。推进 7S 主要分为四个阶段、八大步骤，如表 2-2-1 所示。

表 2-2-1　推进 7S 的四个阶段、八大步骤

阶段	工具	主导	方式	步骤
策划准备阶段（P）	组织建立 责任划分 评分系数确定 选定样板区 工作计划制订 目标选定	推行组织	宣传培训	高层承诺 / 做好准备 ↓ 成立 7S 推进组织 ↓ 7S 推进策划 ↓ 宣传造势 / 教育培训
样板阶段（D）	培训学习 定点摄影 宣传看板 样板观摩	推行组织	由点到面推进	局部推进 7S 1. 现场诊断 2. 选定样板区 3. 实施改善 4. 组织观摩及效果确认
全面推广阶段（D）	红牌作战 目视管理 看板管理 洗澡活动	各部门主管	由面到点精细	全面推进 7S 1. 区域责任制 2. 制定评价标准 3. 评估监督 4. 进行 7S 评比 / 竞赛 5. 坚持目视化和激励化的 7S 推进
评比验收阶段（C）	考核评分 点检制度 污染源防治 寻宝活动	各班组长	精益求精	
巩固阶段（A）	改善提案制度 改善发表会 合理化建议	全员	促进活力	维持 7S 管理成果 （标准化、制度化） ↓ 挑战新目标

第一步：高层承诺/做好准备

（1）动员大会。利用公开大会的形式，由最高领导向全体员工表达推行7S活动的决心，并表示把7S活动作为公司年度的重要经营活动。公司最高领导（董事长或总经理）要将实施7S的目的、必要性明确地向员工宣示；统一全体员工的目标、想法、步骤。

（2）出台相关文件。制定并颁布《7S项目实施办法》《7S项目宣传策划方案》，明确推进方法及相关激励措施；制定7S管理活动通用物资清单并采购。

第二步：成立7S推行组织

（1）建立7S推进委员会，设定7S推进办公室，负责对内、对外的联络工作；推进办要与公司管理体制相结合。

（2）选定一个固定场所作为7S推进活动的"司令部"，切不可任其成为"游击队"，让每位员工明白其重要地位。

第三步：7S推进策划

（1）筹划7S推行事宜；制定激励措施；推行计划先由推进办拟订草案，并评估成效，再交委员会审批确定，明确相关工作项目、时间、负责人员，以便追踪。

（2）寻找合适专家或顾问机构，为7S推进委员会推行工作提供专业的指导。

（3）策划7S活动，根据企业实际情况策划相应的具体活动，起到激励士气、营造氛围、增强效果的作用。

第四步：宣传造势 / 教育培训

（1）领导以身作则。

作为管理者，要求别人做到的首先自己要做到，要求别人遵守的首先自己要遵守。

领导重视、带头示范、日常巡视的作用：以身作则、率先垂范、无言胜有言，大家会心悦诚服地去跟随。

（2）充分利用各种宣传方式、工具。

1）利用公司内部刊物宣传介绍 7S；不同阶段分别宣传报道 7S 的基础知识、现场改变、人员变化、员工创意、检查结果、持续改善等内容，让员工与 7S 零距离。

2）举办 7S 沙龙、7S 征文比赛及 7S 海报、标语设计比赛。

3）制作 7S 海报及标语在现场张贴。

4）定期召开 7S 管理活动例会，及时解决推进过程中出现的问题；每年规定一个"7S 月"或每月规定一个"7S 日"，定期进行 7S 的动员培训，宣贯 7S 的理念，专项突破，及时纠偏。

5）到优秀企业参观或参加发表会，吸取他人经验。

6）利用定点摄影方式，将 7S 较差的地方或死角让大家知道，定期照相追踪。

7）召开现场会或专项会，针对问题进行改善讨论，直到改善为止。

8）配合其他管理活动推广，如提案制度、QCC、TPM 等。

9）领导定期或不定期巡视现场，让员工感受被重视。

10）举办成果发表报告会，发表优秀事例，表扬先进单位和个人，提升荣誉感及参与度。

（3）由上而下进行教育训练。

1）7S 培训首先要消除全员意识上的障碍。

2）7S 活动强调的是要让每个人做好自己的事情，以及确定自己解决问题的方法。在 7S 的活动中至关重要的因素：训练员工具备根据现场实际情况制订实施计划和方案的能力。督导师在现场指导具体的打造方法；遵循"说给他听—做给他看—让他做做看—评价他做得怎么样"的原则，这样可以确认员工对具体打造方法的理解程度。

第五步：局部推进 7S

（1）现场诊断。

推进 7S 之前，必须根据 7S 的基本要求对公司现场进行诊断评价。通过现场诊断，我们可以比较客观地掌握公司的整体水平。

1）确定公司目前的 7S 水平。

2）7S 的优势（强项）。

3）7S 的难点（薄弱环节）。

4）7S 推行难易度。

（2）选定样板区。

1）进行全面的现场诊断后，结合整个 7S 推进策划，选定典型区域做样板区，集中力量改善；俗话说："榜样的力量是无穷的。"先打造样板区，取得一定成效后，再水平展开到其他区域，这有两方面好处：一是集中所有的精锐和力量，可以保证高质量深入改善，还可避免顾此失彼；二是事实最具说服力，可以减少大家对 7S 的抗拒阻力，消除疑虑，使全员上下一心，积极参与。

2）样板选定时要考虑以下因素：选定的区域在公司应较典型突出，有一定代表性；考虑实施难易度；选取硬件条件差、基础差、问题多、员工素养相对较高、配合度较高的区域；有教育、促进意义。如推进需多个部门协力的项目（如修理有缺陷的机器、改变物流和工作场所布置等）；选取改善后效果会比较明显的区域，容易看到进步和成绩。

（3）实施改善。

在进行样板区打造的过程中，需注意保留以下数据情报，为下一步的效果确认提供翔实的第一手资料。

1）改善状况（改善前、改善中影像）。

2）基本数据（空间、面积、金额、数量、人数等）。

3）基本流程（流程图、录像、照片都可以）。

4）重点问题（摄影或记录）。

5）整个改善推进思路及过程。

6）最终改善结果（摄影）。

按照计划进行样板区打造，当计划与现实有较大出入时，区域责任人应召集相关人员检讨磋商对应办法，必要时修订计划。

（4）组织观摩及效果确认。

7S样板区通过验收后，组织其他区域人员进行观摩；同时检讨不足，继续改善提升。

效果确认是一个检查、评价、总结、提升的过程，主要有以下四个方面的作用。

1）总结经验进行推广，克服缺点和纠正偏差，以改进管理工作，使改善更顺利高效地进行。

2）通过对前期工作的分析和评价，辨明"功、过、是、非"，有利于统一认识，调动大家的积极性。

3）处理好遗留问题，减轻不良效应；为后续工作扫清障碍。

4）为后续工作在组织、资源、经验、方法上做足准备，保证良好开端。

第六步：全面推进 7S

（1）区域责任制。

1）将 7S 的内容和分工规范化，成为员工的岗位责任。

2）7S 的内容具体到部门、车间生产现场，应有详尽、可描述的内容，如整理、整顿的项目，清扫部位和方式等，只有每个员工都清楚自己的 7S 推进活动的具体内容，知道 5W2H，即为什么要做（Why）、做什么（What）、在哪里做（Where）、何时做（When）、谁来做，即分工如何（Who）、怎么做（How），以及做到什么程度（How much），才能使这项工作落到实处。

（2）制定评价标准。

制定 7S 评分表来作为评价标准，制定一个公平、公正、公开的考核机制。

（3）评价监督。

1）巡视，即 7S 推进委员会在各工作场所巡查并指出有关的 7S 活动问题。

2）检查，即自上而下地检查，由厂领导检查部门，部门领导检查班组，班组长检查个人和设备，层层检查；要有规范的检查表格，并根据检查的实况填写；检查的结果应可以评价出总的成绩分数；评出的分数要和激励手段结合，即辅之以奖金、物质鼓励、工资增长或荣誉授予等。

3）自检，即把相应的评估表格发到个人手中，员工定时或不定时地依照评估表格中的内容进行自我检查并填写，通过自检可以发现个人 7S 工作的不足，及时加以改进。

4）互检，即班组内部员工依据评估表格相互检查，然后填写检查结果，互检的过程既可以发现被检查者的不足，又可以发现被检查者的优点和本人工作的差距，以便学习和改进。

7S 活动，主要体现在"自主"和"自觉"。检查评价应该逐渐由上级向下级检查过渡到互检和自检阶段，由应付检查的心态转变成竞赛、评比的热情。

（4）进行7S评比/竞赛。

1）评比最好与薪资、考绩结合，如此员工才会主动关心。

2）评比中的评委可以由部门领导、班组长、优秀督导师、优秀员工组成。

3）评比结果可以多种多样的方式呈现，如以绿色、蓝色、黄色和红色标记公布：绿色表示良好，蓝色表示中等，黄色表示要注意（黄牌警告），红色表示差。也可以采取优、良、中、差、劣五级评比，并将评比结果与奖金额度挂钩。

4）评比与检查后，针对7S检查中评委提出的改善意见，由所属区域提出改进措施和计划。

（5）坚持目视化和激励化的7S推进。

在7S活动的推进过程中，及时发现优秀案例及表现突出的员工。通过光荣榜等目视化方式来公示，激发员工的荣誉感。

7S活动的目视化工作体现在7S活动的各个阶段、各个方面，甚至可以延伸扩大到整个7S活动之中。

1）通过改善前后对比来激发员工的成就感：把7S活动开展前后的现场情况，通过现场拍照、录像等方式记录下来，并将前后对比照片、录像进行展示，让参加改善工作的员工得到肯定，激发员工的成就感和自豪感。

2）通过评比结果的公示来营造一种比、学、赶、超的氛围，激励和鞭策员工进一步改善与提升。

第七步：维持7S管理成果（标准化、制度化）

7S"打造易、保持难"，在7S推进期间，全员一般都能同心协力去自觉遵守和改善，不敢松懈；取得一定成效后，往往会觉得可以喘口气了。而正是这种想法，容易让7S效果滑坡，慢慢又回到改善前的老样子。

一个人的习惯不是一朝一夕可以改变的，需要一个漫长的过程，所以，7S贵在坚持。要很好地坚持7S活动，必须将7S标准化和制度化，让它成为员工工作中的一部分，建立一套7S长效保持机制，员工不断遵守，最终养成一个良好的习惯。

第八步：挑战新目标

"没有最好，只有更好！"社会每天都在发展进步，7S的目标也应随着公司发展而逐步提高。当公司取得某一阶段性成果后，应及时总结表彰，并在原来成绩的基础上，更多地结合自己的实际工作，以进一步提升安全和效率为新的奋斗目标，进一步激发公司上下的斗志和热情。必要时，可考虑导入星级班组KYT、精益价值等活动，形成新的关注焦点。

第三节 推进价值及要点

一、专项 7S 推进价值及要点

（一）关键价值

1. 设备健康

（1）防止设备跑、冒、滴、漏。

（2）减缓设备性能变差。

（3）及时发现设备异常，及时处理，降低损失。

2. 提高效率

（1）设备信息目视化，现场一目了然，提高效率。

（2）将巡检、点检工作目视化，降低巡检、点检工作难度和强度，提高巡检、点检工作效率和质量。

（3）保障现场物流顺畅、高效。

3. 安全生产

（1）消除安全隐患，减少人身伤害。

（2）改善工作环境，降低职业危害。

（二）推进要点

1. 整理

（1）清理现场垃圾、杂物、积灰、油垢。

（2）清理现场废弃的设备、螺丝螺帽、管线和支架等辅导设施。

（3）清理现场多余的看板、过期的条幅及张贴物。

整理前后对比如图 2-3-1 所示。

整理前　　　　　　　　　　　　　**整理后**

图 2-3-1　整理前后对比

2. 整顿

（1）治理设备跑、冒、滴、漏。

1）对于通过更换零部件或设备改造可以彻底消除的漏点，一次处理到位。

2）对于特殊原因目前无法彻底消除的漏点，采用接盘、导引等过渡方案，避免漏点对设备及周边环境的损害。

3）对于需要定期紧固或维护的漏点，列入定期巡检项目中，定期处理。

设备治理前后对比如图 2-3-2 所示。

治理前　　　　　　　　　　　　　**治理后**

图 2-3-2　设备治理前后对比

（2）设备防腐。

1）根据设备设计要求定期进行防腐处理。

2）严格按照设备防腐工艺要求涂刷防腐涂料和表面涂料。

3）对已经出现的表面腐蚀、缝隙腐蚀、点蚀等设备及时采取修复措施。

4）设备表面涂料颜色应符合国家标准、行业标准。

设备防腐前后对比如图2-3-3所示。

图2-3-3 设备防腐前后对比

（3）目视化。

1）设备信息目视化。

①设备铭牌。

◆去除错误、多余的设备铭牌。

◆及时更换变形、污染、损坏的设备铭牌。

◆及时补全缺失的设备铭牌。

◆正确、完整地标注设备信息。

◆根据设备所处环境选择制作铭牌材料（室内、室外、高温、潮湿）。

◆设备铭牌及字体大小以正常观察距离可看清为准。

◆同一方位的设备铭牌，固定方向尽可能统一，便于观测。

◆多个设备铭牌朝向一样时，尽可能横向、竖向对齐。

设置铭牌效果如图 2-3-4 所示。

图 2-3-4　设置铭牌效果

②管道介质流向。

◆管道介质流向的标识应符合《工业管道的基本识别色、识别符号和安全标识》（GB 7231-2003）的要求。

◆管道介质流向的标识应朝向通道或易于观测的一面。

◆及时更换错误、变形、损坏的管道介质流向标识。

◆同一方位的多条管径相同的管道，标识尽可能对齐。

管道介质流向如图 2-3-5 所示。

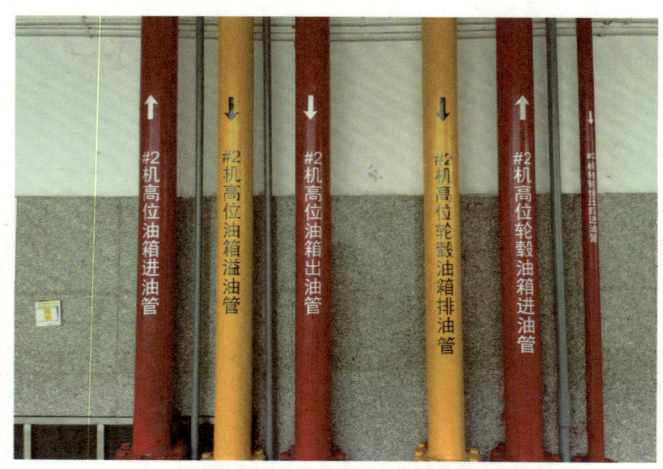

图 2-3-5　管道介质流向

2）巡点检目视化。

巡点检看板的作用： 以看板为载体，将生产区域设备的巡点检所需的关键信息进行展示，为日常巡点检工作提供标准。

巡点检看板的内容如下。

◆设备及辅助设施基本信息。

◆巡点检平面图、巡点检路线。

◆巡点检点、内容、标准、周期。

◆安全注意事项及紧急处置措施。

巡点检看板的定位如下。

◆巡点检看板建议固定在巡点检区域的入口或起始点附近，便于查看，提高效率。

◆应定位于光线好的地方，高度在普通员工正常视角，无须过度仰视或俯视。

巡点检看板的更新： 因设备改造、更新换代而发生异动后，应及时更新巡点检看板内容。

巡点检看板现场案例如图2-3-6所示。

图2-3-6　巡检看板现场案例

巡点检路线如下。

◆路线设计应绕过安全隐患及障碍。

◆巡点检路线的设计应顺畅,无过多的折返。

◆巡点检路线应包含该区域所有需要巡点检内容。

巡点检标准如下。

◆巡点检的标准数据应与巡点检符号对应且就近定位。

◆巡点检标识的内容应正确无误。

◆巡点检标识的大小应根据设备大小、观测距离远近进行调整。

◆巡点检的编号应与路线顺序保持一致。

巡点检目视化如图 2-3-7 所示。

图 2-3-7　巡点检目视化

（4）安全目视化。

1）安全警示。

①生产区域的安全警示标志的制作和安装应符合《安全标志及其使用导则》（GB 2894-2008）的要求。

②同一位置安装多个安全警示牌时,应考虑整体协调性,整合到一块板上或横平竖直对齐,复合警示牌如图 2-3-8 所示。

图 2-3-8　复合警示牌

2）安全提示。

①在生产现场，需要在转动设备、高温设备、化学危险品等相关位置做出明显标识。

②生产现场的一些安全隐患，如地面容易绊倒的位置、容易碰头的位置、异常突出的设备部位等，需要用黄黑警示线标识，起到警示作用，材料根据环境条件选择。安全提示如图2-3-9所示。

图 2-3-9　安全提示

3）消防设施及安全通道。

①消防设施及安全通道的配置应符合《消防安全标志——第1部分——标志》（GB 13495.1-2015）。

②要根据消防设施的点检、年检要求定期检查，并做好记录。消防器材定置如图2-3-10所示。

图2-3-10　消防器材定置

（5）通道、区域及定位。

1）在生产区域要留出通道来保证人行和物流的需要，避免人员在生产区域随意穿行、影响生产或因一时疏忽触碰设备而造成停机或人身伤害。

2）通道的标识方法需要根据地面的条件和生产性质决定，没有油污、无须经常冲洗的地面，可以用地面涂料刷出通道线；地面条件非常好的情况下，还可以用地面胶带贴出通道线。而食品、药品行业，对材料有特殊要求，或需要经常冲洗的地面，以上两种方法都不适用时，可以用不同颜色的地砖来区分；条件允许时，还可以考虑用红外线设备来定位通道线。通道、区域画线如图2-3-11所示。

图 2-3-11　通道、区域画线

3）生产现场有众多生产设备时，需要对设备画出区域线，主要设备和辅助设备就近安装时，可以将其画为一个区域，区域线离设备外沿不小于 800mm。

4）对生产现场中的移动设备，如手推车、叉车等，需要进行定位并做出标识，提醒使用后及时归位。

5）同一区域同时有通道线、区域线及定位线时，通道线的宽度最宽，通常采用 100mm~200mm，区域线、定位线通常采用 50mm~100mm。

3. 清扫

（1）根据设备清扫指导书定期进行设备清扫。

（2）定期清扫地面及辅助设施表面的灰尘及油污。

（3）保持地面、设备表面、设备基础无积水、积油、积灰。

4. 清洁

（1）制定专业设备清扫指导书。

（2）制定设备巡检、点检制度及标准。巡检标准如图 2-3-12 所示。

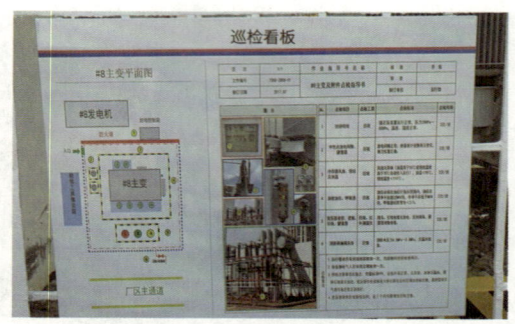

图 2-3-12 巡检标准

5. 素养

（1）遵守安全文明生产管理规定。

（2）爱护设备及产品，不踩踏，不损坏。

6. 安全

（1）排查生产区域存在的机械伤人、高温、高空、碰撞等安全隐患。

（2）采用技改、加装防护、隔离等手段消除安全隐患。

（3）对于无法进行消除和隔离的安全隐患，用安全警示线做出醒目标注，如图 2-3-13 所示。

（4）定期检查安全设施是否完好。

图 2-3-13 安全警示线

7. 节约

（1）按工作计划领用生产物资及辅料和包材，避免产生余料和尾料。

（2）按工作计划和进度生产、加工需要的产品、半成品，避免过度生产造成库存积压，甚至报废。

（3）对于可以退库再利用、修旧利废再利用的物资、工具，可以重复利用。

备品备件库改善案例如图 2-3-14 所示。

图 2-3-14　备品备件库改善案例

二、工具间 7S 推进关键价值与要点

（一）关键价值

1. 减少浪费

按工作需要配置工具种类和数量，统一管理，而非按员工人数人手一套配置，减少过量采购和闲置不用。

2. 延长使用寿命

工具按类别属性进行定位和保管，避免堆放造成损坏。

3. 提高效率

对工具分类排放，做好标识，方便寻找、拿取和归位，提高工作效率。

4. 提高安全性

（1）方便清点，能及时发现缺失的工具并找回或补齐，以免延误工作。

（2）避免工作时将工具遗忘在设备内部或现场，造成安全隐患。

（3）避免拿错工器具型号造成安全事故（比如起重钢丝绳）。

（二）推进要点

1. 整理

（1）把变形、损坏又无法修复或修复成本过高的工具清理出工具间。

（2）根据工作需要，列出工具种类和数量清单，并按照清单配置工具。

（3）多余的工具作为备用库存。

（4）补齐缺失的工具。

2. 整顿

（1）设计工具架。

根据每种工具的外形及保养要求决定它的定位方法，要方便拿取、方便归位，并且不会损坏工具本身。工具墙如图2-3-15所示。

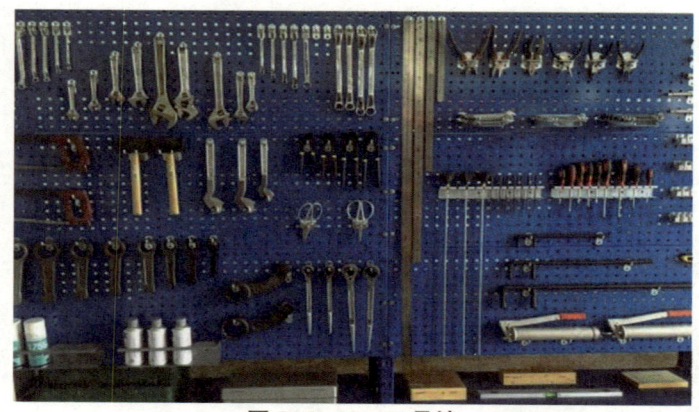

图 2-3-15　工具墙

1）长条形的撬棍、"F"形扳手适合用插孔的钢结构工具架，深度和高度要根据工具的长宽尺寸来决定。插孔定置如图 2-3-16 所示。

图 2-3-16　插孔定置

2）细长型的听针不适合直接垂直放置，容易变形，可以悬挂或平铺摆放。平铺定置如图 2-3-17 所示。

图 2-3-17　平铺定置

3）扳手适合悬挂。

（2）测量尺寸、设计图纸。

1）根据工具的使用频率决定摆放位置，使用频率高的放在离门口较近的地方。

2）在地面上按实际比例画出工具墙或工具架尺寸，把计划上墙（架）的工具在地上进行试摆，找到最佳方案，拍照记录、测量尺寸、绘制图纸。

①考虑工具的拿取、归位效率。

②考虑工具的自重和工具架的承重能力。

(3)制作、安装工具墙(架)。

1)购买标准工具架,直接按图组装即可。

2)自己制作工具架时,要注意加工工艺,避免锋利的边缘划伤人或工具。

3)工具架安装一定要稳固,防止倒塌、掉落造成伤人事故或损坏工具。

(4)工具上架。

将工具按设计图纸定位,并做拿取、归位测试,发现不合适的地方,马上调整。

(5)目视化。

1)制作工具间平面图、工具架编号、层编号等。

2)粘贴工具定位标识。

①同类工具有多个规格型号时,按大小顺序定位,并在标识上标明规格型号。

②标识和字体大小以多数人能在一米距离内清楚识别为准。

③对于一些轮廓容易识别的工具,也可以用轮廓简图代替文字做标识。

工具目视化定置如图 2-3-18 所示。

图 2-3-18 工具目视化定置

3. 清扫

（1）去污。

1）工具上架、归位前要擦拭干净，去除油污和灰尘。

2）工具使用后，遵守"三清"原则，把工具清理干净再归位。

（2）保养。

特殊工具应按要求进行日常养护，如手拉葫芦等，需要涂油养护，确保需要使用时处于正常状态。

4. 清洁

（1）台账：建立工器具台账，并及时更新。

（2）定期清点：定期清点工具，保持账、卡、物一致。

（3）检测、调试。

1）对精准度、使用性能有要求的工器具，要按要求进行检测和调试。

2）将检测合格证按要求粘贴。

5. 素养

（1）使用工具后及时归还。

（2）使用过程中，保护工具不受损坏。

（3）不随意敲打，不作他用。

6. 安全

（1）根据人体工程学设计，避免拿取中对人造成伤害。

（2）对过重的工具采用辅助工具拿取和搬运，避免人身伤害。

（3）按消防标准配置消防设施，并定期点检。

7. 节约

（1）工具共享，减少采购成本。

（2）进行保养，延长使用寿命。

（3）及时清点，防止遗失。

三、办公室 7S 推进关键价值与要点

（一）关键价值

（1）改善办公环境。

（2）提高办公效率。

（3）确保信息安全。

（4）展示企业形象。

（二）推进要点

1. 整理

（1）去除过期文件、旧报刊杂志、过期看板、条幅等不要物。

（2）去除报废办公设备、办公用品。

（3）去除坏死绿植。

2. 整顿

（1）布局规划。

1）共独明确。

①把共用的文件、办公用品、电器放在公共区域，方便员工使用。

②个人使用的文件和物品存放在个人区域。

2）朝向选择。

①同一个办公室的办公桌座位朝向应尽量保持一致。

②员工座位尽量不背对门口或正对门口，避免外界因素的干扰，影响工作效率。

3）预防干扰。

①需要长期写作或思考的工作岗位，座位间隔不宜太近，避免相互之间的干扰，影响工作状态。

②可以适当利用屏风、绿植、书架作间隔。

办公室布局规划如图 2-3-19 所示。

图 2-3-19 办公室布局规划

4）距离最近。

公用文件柜的设置以所有员工拿取距离最近为原则，不能有过多绕路和障碍。

（2）桌面。

1）办公桌的桌面只保留必要的物品，如工作牌、显示器、鼠标、键盘、电话机、水杯、台历、笔筒、文件框、小号盆栽。

2）桌面物品定置摆放，对可移动的物品制作隐形标识进行定位，标识大小以物品能完全盖住为准。

桌面物品定置如图 2-3-20 所示。

图 2-3-20　桌面物品定置

（3）抽屉。

1）抽屉柜应统一方位并放置于工作台下。

2）区分办公物品和私人物品，把私人物品集中放置在最下层。

3）将抽屉进行分类，最上层放置使用频率最高的文件或办公文具。

4）抽屉内放置多样小件物品时，需要进行分隔，防止拉动抽屉时物品晃动混到一起。

5）在抽屉外做标识说明物品类别，标识统一贴于一侧，位置不能被遮挡。

抽屉内物品定置如图 2-3-21 所示。

图 2-3-21　抽屉内物品定置

（4）文件柜。

1）文件柜摆放位置要方便员工拿取，不遮挡光线，不影响通行。

2）柜顶不放置物品，统一定位的安全帽除外。

3）柜内文件分类整理，不同类别的文件分柜或分层放置。

4）文件柜和文件盒要设计标识、统一格式，应包含公司LOGO、文件柜（盒）名称、编号、责任人。

5）5个及以上常用文件盒摆放一排，需要设置形迹线。同一个办公室有多组形迹线时，不能出现同样的形迹线。

6）文件盒内超过5份以上的常用文件，需要整理目录及编号，附在文件盒内，并做好侧标，方便查找。

文件柜、文件盒标示如图2-3-22所示。

图 2-3-22　文件柜、文件盒标示

（5）电器。

1）定位：办公电器应定点放置，电脑主机不能直接着地，需要主机托盘。

2）线束：电器线缆应顺着同一方向整理，用扎带、扎丝或魔术贴捆扎固定，并在近插座一侧标识名称。

电源线整理如图2-3-23所示。

图 2-3-23　电源线整理

3）标识：传真机、打（复）印机等办公电器在纸张入口及关键按键附近加以醒目标识，标明注意事项；将使用步骤、常见故障排除方法以简单文字描述加配图的方式制作提醒牌，就近放置。

（6）看板。

1）内容：职能办公室及班组办公室应制作管理看板，内容包括但不限于组织结构、工作要点、工作计划、工作流程、重要通知、学习资料、奖惩通报、团队风采等。

2）版面：版面设计要有美感。

3）材质：需要定期更新的内容不能与版面一体印刷，将模块留白，使用磁性贴、金属夹或透明的（有机玻璃或亚克力等）固定。

宣传看板如图 2-3-24 所示。

图 2-3-24　宣传看板

（7）电子文件 7S。

1）分盘、分夹。

将不同类型的文件存储在不同的硬盘，如 C 盘存放系统文件、D 盘存放工作文件、E 盘存放学习和个人文件等。

将文件按类型划分，存放在不同的电脑文件夹中。

电脑文件夹按一定规则进行分层，层级不宜超过 6 层。

2）命名。

文件夹及文件名以关键字命名，便于检索。

3）定期整理。

定期清理过程文件、过期文件、垃圾文件。

4）定期备份。

将重要文件定期备份，防止丢失。

5）保密要求。

非公用区域的电脑，需设置登录密码，防止文件丢失、被窜改或泄密。

6）杀毒。

定期进行病毒查杀。

3. 清扫

（1）制作清扫责任表，明确每天、每周、每月要进行清扫的内容，明确值日责任人，放置于看板或其他公共区域，如图 2-3-25 所示。

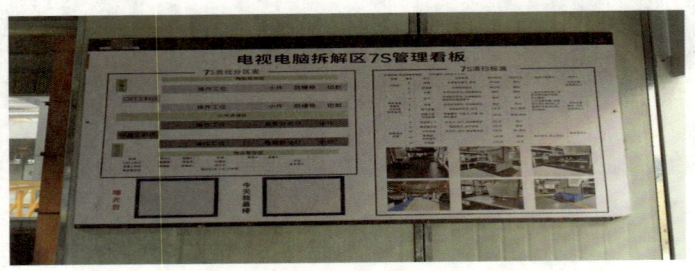

图 2-3-25　清扫标准、责任表

（2）按清扫责任表定期清扫办公室及个人工作区域。

4. 清洁

制定《员工文明办公手册》。

5. 素养

（1）使用文明用语。

（2）办公场所不大声喧哗。

（3）靠楼梯右侧行走。

6. 安全

（1）信息安全。

（2）用电安全。

7. 节约

（1）节约用纸，将单面打印纸回收，重复使用（非保密文件）。

（2）节约用电，人走灯关，合理使用空调。

（3）节约用水，防止长流水。

四、仓储区域 7S 推进关键价值与要点

（一）关键价值

（1）合理利用存储空间。

（2）减少查找时间，提高出入库效率。

（3）先进先出，减少物资过期造成的浪费。

（4）规范存储环境，确保物资品质要求。

（5）规范存放与搬运工作，避免安全事故。

（6）定期盘点，保持账、卡、物一致，提高利用率，减少库存。

（二）推进要点

1. 整理

（1）清除仓库中过期、损坏不能用的物资。

（2）清除仓库中因设备改造已无法再用的备品备件；退货或折旧转卖（涉及固定资产时，要遵守相关规定和流程）。

（3）清理仓库中因生产转型造成无法再用的原材料。

（4）清除仓库中无用的包装材料等。

2. 整顿

（1）划分仓库。

1）根据物资保管要求划分，例如热工专业的电器备品要求防尘防潮、控温控湿等。

2）根据使用频率划分，常用物资放在最近的仓库。

3）根据产品、专业划分，便于成套领用。

4）根据大小划分，可以把超大件以及需要叉车、吊装设备搬运的物资统一库区管理。

5）危化品、易燃易爆品，须按相关管理要求设置专用的存储库房。

（2）划分区域。

1）待检区。

用于存放刚到货、未验收的采购物资。

2）合格品区。

存放已经通过相关入库验收程序、未来得及上架或领用的物资。

3）不合格品区。

存放因质量、型号等问题未通过验收，准备退货的物资。

4）返工、返修区。

存放需要返工、返修的物资。

5）物资存放区。

①将通过来料检验而暂时不领用的物资上架保管。

②货架之间的间距根据物资大小及搬运工具大小决定，最小不小于800mm。

③物资过重，不适合上架保管时，也不能直接摆放于地板上，要使用卡板或托盘。

④除了需要配套保管的物品外，其他物资建议以类划分，同类物资按规格型号顺序摆放。

（3）物品码放。

1）特殊材质、形状的物资在定位时需要一些辅助设施，例如拆过包装的螺丝、螺帽需要容器。

2）不常用的物资一般放于货架顶层或底层，最常用物资放于中间层，便于拿取（超重物品除外）。物品码放如图2-3-26所示。

3）数据较多的物资按5或10的倍数码放，提高领取、盘点效率。

4）规则形状的物资堆放一般不超过5层，避免倒塌和损坏。

图 2-3-26　物品码放

5）危险品需要相应的固定卡座或护栏，防止倾倒发生危险。

（4）目视化。

1）仓储区域平面图。

①大型的仓储区，需要在入口设置区域平面图或方位指引牌，标注所有仓库的名称、方位。仓库布局如图 2-3-27 所示。

图 2-3-27　仓库布局

②为每个仓库命名或编号。

③将仓库名或编号标在门口，字体大小以从仓储区域入口

能清晰辨识为准。

2）仓库内部平面图。

每个仓库入口设置本仓库的平面图或区域指引牌。

3）货架标识。

①把所有货架按一定规则编号，并将编号标注于货架靠通道一侧上方，字体大小以仓库门口位置能清晰辨识为准。

②按同一规则对货架层别进行编号，将标注于靠通道一侧。

③将每层货架分为若干个分隔位，并从通道一侧开始编号，同时在最顶层进行标注。

4）地面引导。

①较大型的仓库，物品众多，布局较复杂时，可以配以地面引导方向。

②如果地面条件有限，也可将方向引导信息做成立牌放置于通道旁，位置不能影响物品搬运。

5）仓库管理看板。

将仓库管理要求、制度、在库信息、出入库管理流程等制作成看板，并及时更新。

6）应急处置措施看板。

根据仓库特性进行安全预控，制定发生危险时的应急处置措施，将关键步骤和指令制作成看板。

3. 清扫

定期进行清扫，去除灰尘和油污，保持库容、物料干净。

4. 清洁

（1）将所有物资按"库号—货架号—层号—位号"进行定位编码，且是唯一编号，与物资管理系统相对应，便于查询。

（2）根据仓库性质，制定清扫点检表，明确每日、每周、每月需要清扫的项目，并定期检查。

（3）制定出入库管理流程，规范出入库登记手续。

（4）定期进行盘点，确保账、卡、物一致。

5. 素养

（1）要求、指导、监督员工按仓库管理规定办理领用、退库手续。

（2）严格按照领料上的品名和数量单发放。

（3）保持仓库内外干净整洁、通道顺畅。

6. 安全

（1）人员安全。

1）物品堆放高度在安全范围，避免发生倾倒伤人。

2）使用搬运工具作为辅助，避免员工搬运过重物品时受伤。

3）在存在绊倒、磕碰、尖锐物伤人等安全隐患的地方做出安全警示。

（2）物品安全。

1）按管理要求进行防潮、防尘、防压、防腐、防锈处理，避免物资损坏。

2）规范仓库出入管理和监控，采取相应的防盗措施。

3）采用适合的容器和堆放方式，防止掉落损坏。

（3）消防设施。

1）按消防标准配置消防设施，并定期点检。

2）培训员工正确使用消防设备。

3）定期组织消防演习。

7. 节约

（1）先进先出，避免物品过期造成浪费。

（2）按需采购，控制成本。

（3）按需领用，减少浪费。

五、化验、实验区域 7S 推进关键价值与要点

（一）关键价值

（1）规范化验环境及化验场所的管理，避免外在因素影响化验的精确度。

（2）规范化验设备、辅助工器具及化学药品管理，提高化验工作效率。

（3）规范化验流程、提高化验工作效率。

（4）消除安全隐患、避免化验工作中的安全事故。

（二）推进要点

1. 整理

（1）清理过期、无用的化学药品。

（2）清理损坏、报废的实验器皿、设备。

（3）清理过期、失效不用的样品。

2. 整顿

（1）化验设备。

1）定置。

①设备定点放置。

②化验台上，多台大小不一的设备，以近人一侧对齐放置，并做出定位标识。

③运行过程中有挥发性气体、高温气体的设备，按相应管理要求定置。

2）设备标识。

设备铭牌要保持完好，设备信息正确、完整。

3）安全提示。

对存在安全隐患的设备、环境、物品进行安全提示。

4）线缆。

①设备电源、信号等线缆横平竖直整理固定，或加装线槽。

②在靠近插座侧，标注线缆名称。

（2）化验器皿。

1）定置。

不同形状和材质的器皿，制作专用的定置设施，防止损坏，提高效率。

2）数量。

根据日常化验工作量，配置器皿，做好库存管理。

3）标识。

标明器皿名称、材质、型号等。

（3）化验药品。

1）定置。

①将化验药品分类、定点放置。

②根据药品保存要求提供相应的保存条件，如温度、湿度等。

③液体药品、危险药品需要相应的定置辅助，防止药品翻倒发生危险。

2）数量。

①根据药品保质期、日常化验使用量、采购周期等因素综合考虑，设置安全库存。

②设置安全库存警示标识，防止药品缺失影响正常工作。

3）标识。

①清晰、正确标识药品名称，名称相似的药品，要做明显区分。

②一般药品用普通标识，危险品用红色标识区分。

4）领用。

①严格执行药品领用和管理制度，如双锁制。

②将领用登记簿就近放置。

（4）实验数据。

1）化验结果、数据及时、如实登记上传。

2）纸质记录及文件定期整理造册。

3. 清扫

（1）化验结束后，及时清理化验台、地面。

（2）化验结束后，及时清洗化验器皿和工具，并按要求进行干燥处理。

（3）及时处理废弃的化学药品及样品。

4. 清洁

（1）操作流程。

将化验工作的操作步骤、SOP制作成图文并茂的看板，就近定置于化验设备后方墙上或旁边。

（2）管理制度。

制定化验室、药品库管理制度，并制作看板定置于墙上。

5. 素养

（1）按化验标准程序开展工作，如实提交化验结果。

（2）爱护化验设备、用品，轻拿轻放。

（3）不影响、不干扰他人工作。

6. 安全

（1）安全提示。

1）危险品提示。

2）易碎品提示。

3）高温提示。

4）有毒气体提示。

（2）应急处置。

针对化验室可能出现的险情，制定处置措施，并将关键步骤和信息制作成看板，在现场定置。

（3）消防设施。

1）根据化验室特性配置消防器材，并定期检查。

2）确保安全通道设施完好，通道顺畅无障碍。

7. 节约

（1）节电。

1）工作结束后及时关闭电源。

2）用于监控的长明灯、保持化验室温湿度的设备电源开关要标识清楚，避免误关。

（2）节水。

1）除化验器皿清洁需要，防止自来水长流水。

2）纯水专水专用，避免浪费。

（3）药品。

根据使用量配置，避免失效浪费。

六、食堂 7S 推进关键价值与要点

（一）关键价值

（1）规范原料及加工过程管理，确保食品安全。

（2）规范操作环境及工具管理，确保加工过程的安全。

（3）合理规划用餐区域，避免交叉碰撞，确保用餐安全。

（4）为员工创造温馨明亮、轻松愉快的用餐环境，提升用餐体验。

（二）推进要点

1. 整理

（1）过期原料。

（2）破损器具。

（3）报废设备。

（4）违章装置。

2. 整顿

（1）布局。

1）后厨按物资流动方向布局，避免反复搬运和二次污染。

2）用餐区按员工取餐、用餐、回收餐盘的方向布局，避免碰撞。

（2）修缮。

1）厨房。

地面防水、防滑、易清洗、不积水。

2）蒸汽房。

①使用弧顶疏导蒸汽结水。

②安装通风、排汽设施。

3）原料库房。

安装防潮、防小动物、防蝇设施。

（3）"三定""三要素"。

1）原料定位。

①干湿分区，生熟分区。

②合理利用收纳盒、收纳筐。

③不直接放置在地面上。

2）冷库。

①生熟分开，荤素分开。

②专柜专用。

3）设备、器皿定位。

①刀具、锅具借助工具定位。

②专器专用。

（4）目视化。

1）后厨区域目视化内容。

①个人清洁、消毒、设备操作流程、安全提示等。

②采购菜价公告。

③设备操作指南。

④设备伤害、高温警示。

⑤食品采购日期、保质期。

2）用餐区目视化内容。

①当日、明日食谱。

②价格。

③工作人员健康证公示。

④"光盘行动"倡议。

3. 清扫

（1）保持地面卫生。

（2）保持器具卫生。

（3）回收物及时处理。

（4）保持员工个人卫生。

（5）卫生用具管理。

4. 清洁

（1）规范原料采购、验收流程。

（2）规范蔬菜处理流程。

（3）规范家禽、牲畜、海产品原料处理流程。

（4）规范废料处理流程。

（5）规范回收物处理流程。

（6）制定清扫责任表。

（7）要求后厨员工规范着装。

（8）进场个人卫生流程。

5. 素养

（1）排队取餐、文明用餐、禁止喧哗。

（2）按量取餐、"光盘行动"、节约粮食。

6. 安全

（1）食品安全。

1）从正规渠道采购，确保食品原料来源安全。

2）对原料保质期进行管理、避免变质。

3）不使用三无产品。

4）在切菜、搅拌、高温加工过程中注意安全操作。

5）按食品加工工艺操作（如去除有害部分、煮熟煮透等）。

6）选用合适的器皿存取、密封储存，避免污染。

（2）人员安全。

1）工作人员按要求穿戴防护用品，按要求摆放刀具，避免人身伤害。

2）做好防烫、防电、防火、防滑、防刀伤、防器具伤害的措施。

3）做好用餐人员的疏导、避免交叉碰撞。

4）对地面进行防滑处理、避免摔倒。

（3）应急预案。

1）食物中毒应急预案。

2）摔伤、刀伤应急预案。

3）厨房火灾应急预案。

（4）留样备查机制。

为有效查处食物中毒等突发公共卫生事件提供可靠依据，

根据《中华人民共和国食品卫生法》等法规要求，餐饮服务单位食品必须留样，制定食品留样制度，设立专门存样冷柜。

7. 节约

（1）根据员工用餐人数制订采购计划，避免过量采购。

（2）根据采购时间及保质期，原料先进先出，避免过期变质。

（3）定期盘点库存，充分利用在库原料。

（4）发起"光盘行动"，进行相关宣传，并对浪费食物的现象进行曝光处理。

第三章 Chapter 3
7S 推行工具

为有效推进 7S 管理工作，在不同推进阶段，可以运用不同的推行工具以取得更好的推进效果。7S 各阶段适用的工具如表 3-1 所示。

表 3-1　7S 各阶段适用工具

推行阶段		工具		侧重点
准备阶段（P）	准备策划	工具一	《7S 项目宣传策划方案》	整体策划
		工具二	晨会（班前会）	
样板阶段（D）	由点到面	工具三	《现场整理整顿规范标准》	样板区全员教育
		工具四	不要物处理程序及清单	
		工具五	现场整改备忘表	
全面展开阶段（C）	由面到点	工具六	红牌作战	改善提升精细化
	目视管理	工具七	定点摄影	配合行业要求，用适合自身的标识方法制定合理的评分评比
		工具八	目视化管理	
		工具九	看板管理	
		工具十	污染源及困难处所登记	
		工具十一	评分评比	
	精益求精	工具十二	设备点检指导作业书及点检记录	将行之有效的方法标准化
		工具十三	7S 区域清扫责任表	
		工具十四	清扫指导书	
反省提升（A）	维持改善	工具十五	点滴教育 OPL	全员参与
		工具十六	合理化建议及改善提案	
		工具十七	员工 7S 活动手册	

第一节 7S 项目宣传策划方案

一、目的

通过各种宣传手段，进行 7S 管理相关知识、推行要点以及优秀案例的宣传，营造一种人人了解 7S、全员参与 7S 的氛围，以达到"全员参与、持续改善，提升素养、塑造形象"的目的。

二、适用范围

公司 7S 管理推行及长效维持工作。

三、主要宣传内容

（1）现场 7S 管理基本知识及方法。

（2）现场 7S 管理的推进计划、实施办法、实施规则等相关制度。

（3）现场 7S 管理推进过程介绍——领导观摩、员工活动、改善前后对比图。

（4）现场 7S 管理优秀案例、优秀事迹、员工创新、改善创意。

（5）员工培训感言、征文、改善之星。

（6）其他相关内容——让客户认识我们，了解我们的一切有利的内容。

四、宣传载体及形式

（一）现场宣传看板

现场宣传看板是现场 7S 管理活动中的重要手段，也是不可或缺的内容。现场宣传看板是一种目视化、透明化的方法。看板设在厂区大部分员工都经过并容易停留观看的位置，如在大门口、食堂等准备 2 块宣传栏，用作现场 7S 活动推行的宣传。每块宣传栏尺寸不小于 2m×1.2m（2 块宣传栏可连在一起），可使用现有宣传栏、橱窗等，采用方便更新内容的方式，如图 3-1-1 所示。

图 3-1-1　宣传看板

（二）内部刊物——报纸、简报、杂志

随时关注现场的 7S 管理，对现阶段的活动及时用内部的刊物采用文字和照片的方式进行宣传。

（三）多媒体——电视、微电影、专题片、小视频等

（四）OA、网络、邮件——专栏、论坛、微信推送、公众号、朋友圈等

（五）其他——文艺活动、集体活动等

五、宣传人员职责

（一）现场 7S 推进办管理宣传员

收集现场 7S 推进的相关情报，进行报道和宣传，及时传达公司关于 7S 管理的文件及信息，跟踪报道现场 7S 实施进度、各区域优秀案例及验收评比结果等，及时与各部门互通 7S 管理的相关信息。

（二）各部门宣传员

每周向 7S 推进办汇报本部门的 7S 推进进度及相关信息，提供本部门推进 7S 的过程、优秀案例等素材。

六、各阶段 7S 管理宣传主要内容及要求

（一）应了解涉及报道内容（见表 3-1-1）

表 3-1-1　7S 各阶段宣传报道内容参考表

	应了解及报道内容
第一期	7S 基础知识 同行业 7S 优秀案例 公司 7S 推行计划、7S 管理动员大会情况 7S 培训情况 领导视察 7S 动向 目标口号 相关制度 领导重要讲话 样板区的进展情况
第二期	计划安排及进度 样板区成果展示 样板区评比结果 非样板区人员观摩情况 员工感言

续表

	应了解及报道内容
第三期	计划安排及进度 各区域现场 7S 工作完成情况 目视化管理知识 红牌作战知识 全面展开情况 7S 活动征文 员工创意
第四期	计划安排及进度 区域清扫、设备点检知识 员工创意评比结果 红牌作战情况 现场 7S 死角及突出问题点曝光 员工征文评比结果
第五期	计划安排及进度 现场 7S 评分标准 改善提案知识 改善案例展示 清扫责任制、设备点检实施情况 问题曝光 看板评比结果 表彰大会情况

(二) 宣传工作步骤

(1) 策划资料收集、报道。　(2) 改善前定点摄影。

(3) 管理过程摄影。　　　　(4) 改善亮点收集、报道。

(三) 周期

看板：1期/2周（每部门至少1块看板，设计固定模块，内容可用彩色打印，定期更新）。

简报：1期/月。

（四）备注

（1）宣传看板应放置在部门员工必经之路显眼位置，悬挂位置以人平视上下45度角为基准。

（2）宣传简报最低数量为按部门（职能单位）或每班组（生产单位）各1份，如图3-1-2所示。

图 3-1-2　宣传简报

第二节 晨会(班前会)

一、目的

(1)全员集中,了解员工动态及精神面貌,迅速进入工作状态。

(2)传达公司最新管理要求及文件。

(3)安排当天工作及强调注意事项。

(4)激励士气、提升团队意识。

二、适用范围

(1)集中工作员工达3人及以上的部门或班组。

(2)员工开始工作时间、地点相同。

(3)有固定的、适合列队的场所。班前会列队如图3-2-1所示。

图 3-2-1 班前会列队

三、晨会内容及程序

1. 列队及整装

通过列队、向左向右看齐、整理着装，改善员工精神面貌。

2. 确认出勤

通过报数或点名的方式，确认员工出勤情况，并通报缺勤员工情况及相关工作代理情况。

3. 问候及回应

问候语要设计成大家容易回应的方式，逐步形成一种规范。一声问候，一声回应，工作气氛和团队力量顿时会得到充分体现，可使大家的注意力瞬间集中到倾听主持人的表达中。时间一长，员工自然会养成互相打招呼的好习惯。

4. 员工分享

（1）由员工分享个人的工作经验、心得体会、自我反省、工作建议等。

（2）让员工轮流主持晨会，给员工总结经验、表达意见和建议的机会，这是班组民主管理的有效途径，有利于增强员工的工作意识、集体观念和班组凝聚力。

5. 工作总结

（1）管理者首先要对前一天的工作进行总结。

1）有没有未完成的任务。

2）有没有未达到的目标。

3）有没有事故和异常。

4）现场有哪些变化点。

5）上述情形带来的反省和要求等。

（2）在总结时，要避免诸如"大家干得都不错"之类的表达，尽可能具体到人、事，有根据地进行表扬或批评。

6. 工作安排

（1）安排当日工作是晨会的重点内容，主要包括当日的生产计划、工作目标、任务分配、人员调配等。

（2）管理者在布置工作时要做到清楚明确，不要含糊其词造成混淆，讲到具体员工的工作安排时要注视对方，确认对方的反应，确保对方理解到位。

7. 工作要求

根据昨日的情况和今日的安排，基层管理者应该明确提出对大家的要求和期望，包括时间要求、工作质量要求、工作配合要求、遵守纪律要求、及时联络要求等。

8. 企业相关信息

（1）根据不同阶段的实际情况，在必要的时候管理者应向员工传递企业的相关信息，使员工了解生产大局，更好地理解和接受工作要求。

（2）企业的相关信息包括市场和行业动态、客户要求、企业经营情况和发展方向、正在和即将开展的管理活动等。

9. 特别联络事项

晨会结束之前，不要忘记问一句："请问大家还有没有其他事项？"如果有，就请提议的员工出来补充说明一下，可以避免该通知的没通知、该提醒的没提醒的情况的发生；如果没有，则省略。

10. 结束仪式

齐诵公司、部门、班组文化理念或口号。

四、注意事项

晨会时间一般控制在 10 分钟以内，会议结束后填写会议记录单并签字。

五、三级晨会制

（1）公司月晨会——方针政策宣传、表彰。
（2）部门周晨会——工作的总结、安排。
（3）班组日晨会——任务的总结、安排及注意事项说明。

六、晨会记录单

晨会记录单如表 3-2-1 所示。

表 3-2-1　晨会记录单

日期：　　年　月　日　　姓名：　　　部门：		
前日工作情况总结		
具体工作事项	工作结果 （是否完成）	未完成事项原因分析
建议：		
今日工作计划和安排		备注

第三节 现场整理整顿规范

一、目的

为了规范和统一现场的整理整顿实施标准，避免各部门各自为政，出现不同的做法，这不仅影响现场的整体形象，也增加管理难度。

二、适用范围

适用于生产加工现场的整理整顿；适用于办公场所的整理整顿；适用于厂区公共区域、公共环境的整理整顿。

三、设施设备的地面定位

（一）线条、颜色的作用区分

（1）黄色（实线）：区域线、固定物品定位线。

（2）黄色（虚线）：移动台车、工具车等停放区域线。

（3）红线：危险区（高温高压等）、不合格品区。

（4）防阻塞线：起到警告、警示、不得占用的提醒作用，用于电气柜、消防栓、灭火器前的地面。

（5）黄黑警示线：提醒注意（地面突起物、易碰撞处、坑道、台阶等），具体参考如表3-3-1所示。

表 3-3-1　画线参考

序	名称	图例	线宽	应用
1	黄色 （实线）		100mm	（1）主通道线边线 （2）生产区域设备定置
			50mm	（1）区域划分线 （2）实验室/仓库物品定置
2	红色 （实线）		50mm/100mm	不合格品区、报废区、危险区、高温高压区、禁止进入区域
3	防阻塞线		50mm~100mm 等间距 45°斜度	警示区域，如地面突起物、易碰撞处、设备机座的围堰、盖板的需要警示的区域
4	黄黑警示线		50mm~100mm 等间距 90°	警示区域，如路肩石、转角处、"工"字钢/圆柱等需要警示的区域

（二）定位线

（1）定位线用于地面物品的定位，视实际情况可以采用实线框、虚线或四角定位线等形式，地面定位线宽 5cm，桌面、柜内物品定位线宽 1.5cm~2cm。

（2）定位线通常采用黄色线条。

四角定位和四周定位如图 3-3-1 和图 3-3-2 所示。

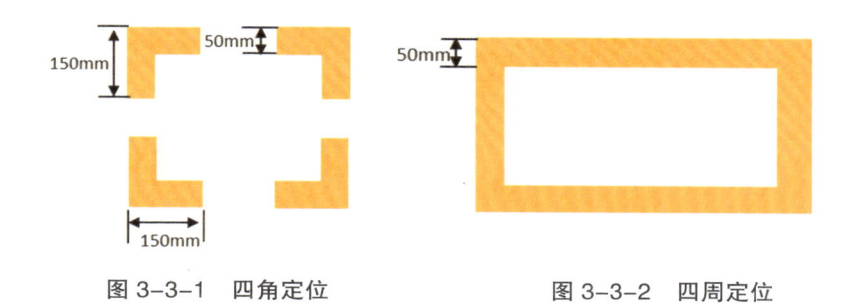

图 3-3-1　四角定位

图 3-3-2　四周定位

（3）防阻塞线。

对消防器材或危险物品的定位（如危险气体），为达到前方禁止摆放的区域（如消防栓前、配电柜前）的警示效果，应使用黄斜线框，宽度对应于设备宽，线宽5cm，角度为45°，黄线间距5cm，如图3-3-3所示。

图3-3-3 防阻塞线

（备注：生产现场、仓库等区域的消防栓和灭火器前容易被堆放物品遮挡，因此需要防阻塞线的警示，而走廊、通道上的消防栓、灭火器则不需要。）

（4）移动式物品定位时（如小推车、移动小设备等），采用的方法如图3-3-4所示。

注：①开口宽度为边长的1/3，如图3-3-5所示。

②箭头前端为边长10cm的等边三角形，箭柄长12cm。

图3-3-4 移动式物品定位案例 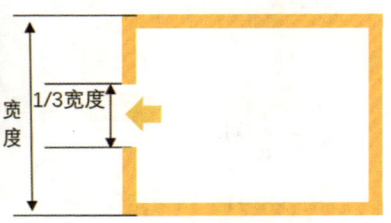   图3-3-5 移动式物品定位图示

（5）形状规则的小物品定位时，可采用四角定位法，其中物品角和定位角线间距应在2cm以上，如图3-3-6、图3-3-7所示。

图3-3-6　四角定位图示　　　　图3-3-7　四角定位案例

（6）已经固定安装及大件不移动的物品无须设置定位线，如文件柜、办公桌、空调柜等。

（三）工具定置存放

工具定置存放应遵循人性化（容易遵守）、效率化（取放快捷）、安全化（没有损坏工具、损坏容器、伤人的安全隐患）的原则，可以借鉴多种定位方法，如图3-3-8所示。

图3-3-8　工具柜立体定置案例

四、办公室

（一）文件柜、物品柜、工具柜

（1）柜外用标识标明柜内物品类别，同一区域的同类柜子标识对齐粘贴，如图3-3-9所示。

（2）柜内物品分类定置，不同类物品间用分隔线或分隔物隔离。

（3）标识设计符合企业VI的要求（另建立标准）。

图3-3-9 文件柜物品定置案例

（二）文件整理分类，用文件夹分类放置

（1）文件夹标识的统一：统一规格，用电脑打印（文件夹侧面标识为主）。

（2）文件盒（夹）也应有对应标识。

（3）文件管理部门或责任者：明确并标识。

（4）有5个及以上且固定放置的文件盒，设置形迹管理线，方便归位，示例及应用案例如图3-3-10、图3-3-11所示。

第三章 7S 推行工具 103

图 3-3-10 文件盒形迹线示例

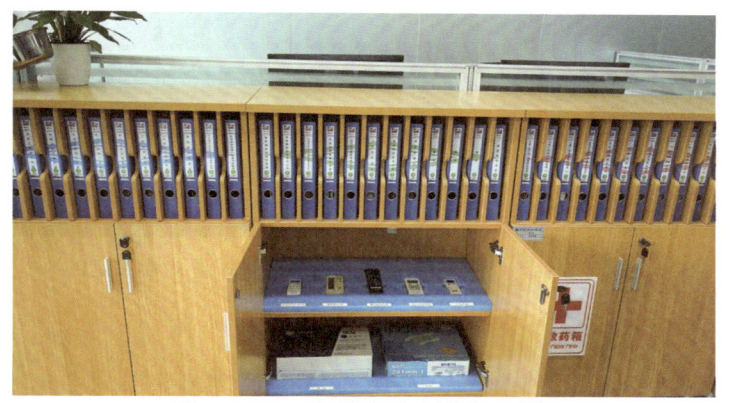

图 3-3-11 文件盒形迹线应用案例

（三）办公桌

1. 桌面允许放置的物品

①显示器②键盘③鼠标④文件框（盒）⑤电话机⑥文具盒（笔筒）⑦水杯⑧台历

2. 明确文件放置盒状态

（待处理、处理中、已处理）或所放置物品具体名称（见图3-3-12）

图 3-3-12 文件放置盒案例

3. 抽屉的整理、整顿

（1）将不要的或不应该放在抽屉内的物品清除。

（2）抽屉做分类标识，如图3-3-13所示。抽屉内物品要分类并定位，如图3-3-14所示。

（3）个人用品放置在底层。

（4）有措施防止物品来回乱动。

图3-3-13　抽屉标识　　　图3-3-14　抽屉内物品定位

4. 线束整理

（1）线槽走线——线束无裸压或者绊人；整理扎起——方便清扫卫生，如图3-3-15所示。

（2）插头（开关）标识控制对象，防止误动误用，如图3-3-16所示。

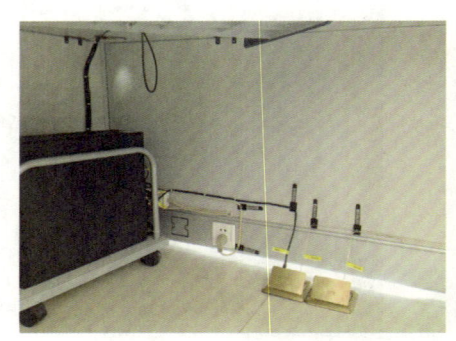

图3-3-15　办公桌线束整理　　　图3-3-16　开关标识

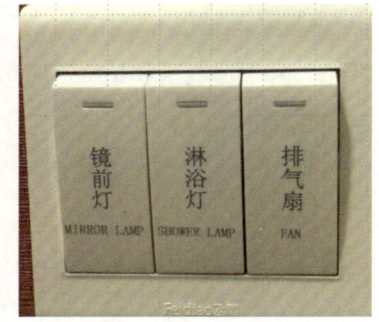

（四）姓名牌（根据实际设计，见图 3-3-17）

图 3-3-17　员工姓名牌案例

（五）茶具、水杯的定点放置

可采用杯垫、隐形定位贴等方式定位，部门内统一，如图 3-3-18、图 3-3-19 所示。

图 3-3-18　桌面物品定位

图 3-3-19　桌面隐形定位

（六）垃圾桶、清洁用具的定位、标识

（1）公用的垃圾桶、清洁用具需要定位，如图 3-3-20、图 3-3-21 所示。

（2）个人办公桌下垃圾桶可以不定位。

（3）放置位置部门内统一。

图 3-3-20　垃圾桶定位　　　　图 3-3-21　清洁工具定位

（七）宣传板、公告栏的管理及人员去向管理板

（1）在员工较集中或必经的通道上设置宣传看板，如图 3-3-22 所示。

（2）相对独立的办公室、集中办公区设置公告栏，揭示公司通知、联络或者工作计划等；服务性部门设置人员去向表，方便其他部门人员寻找，如图 3-3-23 所示。

图 3-3-22　7S 宣传栏　　　　图 3-3-23　人员去向牌

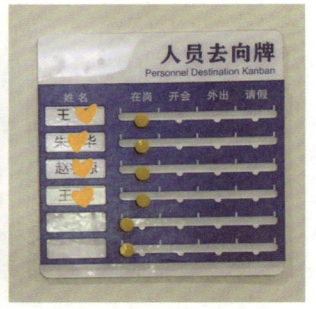

第四节 不要物处理程序

一、定义

（1）不要物——工作现场中报废或一切无使用价值及不再使用的物品。

（2）不要物可分类为：不用物料，不用设备、工具、仪表、计量器具，不用原材料等。

二、目的

为使工作现场的不要物及时、有效地得到处理，使现场环境、工作效率得到改善，从而促进管理不断完善，特制定本程序。

三、适用范围

本程序适用于企业生产现场及相关部门不要物的处理。

四、职责划分

（1）各部门整理管理范围内的不要物，并按要求进行登记，提交推进办公室及归口部门，并按要求进行处置。

（2）7S推进办协助相关归口部门进行不要物的管理，负责管理和协调各部门不要物的申报、审核；相关归口部门负责对不再使用的物料、原材料、设备和工具、仪表计量器具等的判定，制定处置方案提交公司领导审批，并依要求监督各部门完成不要物处置。

五、工作程序

（1）不要物处理流程：不要物部门申请→责任部门判定→财务部门审核→公司领导审批→相关部门处置。

（2）明确不要物暂时存放的区域。

（3）正常情况下，各部门每月一次向7S推进办申报处理不要物。不要物的判定标准及保管场所如表3-4-1所示。

表3-4-1　不要物的判定标准及保管场所

类别	使用频率	处理方法	建议场所
不用	全年1次也未使用	废弃	待处理区
		特别处理	
少用	平均2个月至1年用1次	分类管理	集中场所
			工具室、仓库
普通	1～2个月用1次或以上	工作区内	固定放置区
常用	1周使用数次	工作区内	如设备旁
	1日使用数次	随手可得	作业点旁
	每小时都使用		个人工具箱

注：应视企业具体情况决定划分几类及相应的场所

（4）每月末（特殊情况除外）由7S推进办汇总不要物处理清单一次，于下一月度第一次工作例会上提出并确定不要物的处置方案，方案一经批准由责任部门处置。

（5）财务部门对处置回收的资金负责全面管理。

（6）不要物处理清单如表3-4-2所示。

表3-4-2 不要物处理清单

不要物处理清单									
不要物类别：				申报部门：				年 月 日	
序号	物品编码	物品名称	型号规格	数量	金额	不用原因	责任部门签收	责任部门处理意见	财务意见	备注
1										
2										
3										
备注：1.购买单价300元以下的物品由各部门负责人决定处置方法										
2.购买单价300元及以上的物品按要求集中放置并由项目工作组组长安排处置										
申报人：　　申报单位主管审核：　　责任主管审核： 财务主管审核：　　　　主管领导批准：										

第五节 改善备忘表

一、目的

（1）梳理现场存在的问题，并提出改善建议，明确责任人及完成时间。
（2）推进办根据备忘表监督各项整改工作的执行。
（3）根据备忘表统计各部门的完成率、及时率等。

二、适用范围

推进初期、中期，现场问题较多时。

三、填写要点

（1）不同区域的问题点分开填写。
（2）问题点描述清晰准确。
（3）改善建议要符合相关管理标准和规定。
（4）问题点及改善建议经责任人及使用员工当场确认。
（5）备忘表一式两份，责任区域一份，推进办一份。

四、7S 改善备忘表

7S 改善备忘表如表 3-5-1 所示。

表 3-5-1　7S 改善备忘表

（区域：　　　）			日期：　　　年　　月　　日				
序号	问题点及建议改善内容	责任人	完成日期	项目组跟进			备注
				已安排	实施中	已完成	

注：顾问师/项目组提出建议后复印一份交区域责任人实施，原件项目组存档备查。

顾问师/推进人：_____　　　　区域责任人：_____

第六节 红牌作战

一、定义

红牌——指用红色纸制作而成的7S管理问题票。使用红色主要原因有二：一是红色醒目，便于与普通标识区别开，以引起管理者及责任人注意；二是红色有"不良"的含义，意指被贴上红牌的物品、区域有不符合项。

二、目的

（1）当7S工作推进到中后期，本区域的督导师及员工基本找不到问题了，通过借助"外人"的眼光来发现本区域的问题，提升本区域的7S现场管理水平。

（2）通过跨区域的红牌作战，提升督导师发现问题的能力，促进督导师之间的交流和学习。

三、适用范围

（1）红牌是一种资格，只有整改效果显著的区域，才有资格进入红牌作战。

（2）现场无脏乱差现象。

（3）基本符合"三定""三要素"要求。

四、红牌作战的组织

（1）7S 推进办或各部门皆可发起红牌作战。

（2）发起部门负责红牌的制作、回收和统计工作。

五、红牌作战实施时间

（1）红牌实施不宜过于频繁。

（2）7S 导入中后期：1 次 /2 周。

（3）7S 日常保持阶段：1 次 / 月。

（4）其他可根据需要随时进行。

六、实施要点

1. 挂红牌的对象

凡是认为可以进行改善之处，都是挂红牌的对象。

（1）在库：原材料、零部件、半成品、成品。

（2）设备：机械、设备、工装夹具、模具、桌椅、防护用品。

（3）储运：货架、流水线、电梯、车辆、卡板等。

（4）基础设施：墙体、管道、厂区标识、草坪等。

2. 要求完成时间

（1）一般以 1 周为最长期限，明显的安全问题限 3 日以内整改。

（2）硬件设施等改善可为 1 个月。

（3）对 1 个月内不能完成的改善项交上级处理，不用贴在问题点处，做好登记。但安全隐患最长时间不得超出 1 个月期限。

3. 实施步骤

(1)红牌作战的方法培训。

①成员：全员。

②教育重点。

◆红牌不是罚款、罚单，是帮助现场提升7S管理的目视管理工具。

◆不要将不好的方面隐藏起来，制造假象。

◆按时间完成整改项目。

◆有困难时要及时提出来。

(2)给红牌编写管理序号。

编写方法：部门＋年（两位数）＋月（两位数）＋组号（字母）＋序号（三位数），如图3-6-1所示。

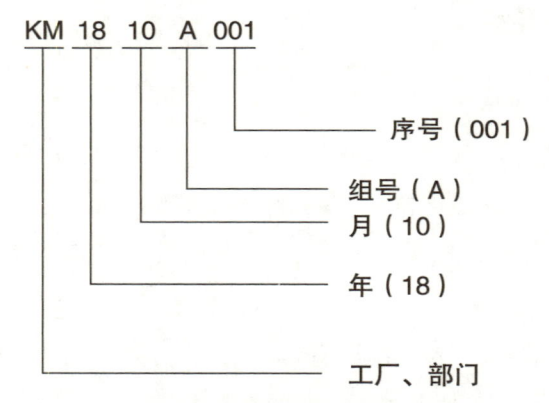

```
KM 18 10 A 001
 │  │  │  │  └── 序号（001）
 │  │  │  └───── 组号（A）
 │  │  └──────── 月（10）
 │  └─────────── 年（18）
 └────────────── 工厂、部门
```

图3-6-1 红牌编号编写方法图示

(3)组织人员进行红牌作战。

2人/组～4人/组为宜。

(4)到现场进行红牌作战。

①从整体到局部进行观察。

②从上到下、从外到里巡查。

③从细微处进行核查。

④看物品状态进行标识核查。

（5）挂红牌。

①红牌要挂在引人注目处。

②不要让现场的人自己贴。

（6）红牌发放和记录。

①红牌要挂在有问题且引人注目的地方。

②在红牌发放回收记录表（见表3-6-1）上记录红牌发放情况，并由问题部门的责任人签字确认。

表3-6-1 红牌发放回收记录表

红牌发放回收记录表

部门：_____

红牌序号	主要问题点	发放日期	要求完成日期	红牌责任人	回收确认者	回收日期

处理流程：红牌发放、张贴→记录表填写→责任人认可→对策实施→发放者确认→红牌回收。

（7）红牌的实施、跟踪和回收。

①红牌责任部门根据整改要求实施整改，完成后责任人签字确认，通知 7S 推进办。

② 7S 推进办根据红牌记录的完成期限，跟踪、督促问题责任部门整改进度，回收已完成红牌并记录。

（8）红牌实施情况公布与考核。

①将每次红牌发放数量、按期整改率公布于 7S 管理看板上。

②对无合理解释并不进行整改的，与考核挂钩。

③可将改善前后对比照片等，作为经验和成果向大家展示，如图 3-6-2 所示。

7S 活动问题票　　　No：_____		
责任区域：_____　　　责任人：_____		
场所		发牌人
发牌日		要求完成日
问题描述		
对策建议		
责任人完成确认		完成日期
效果确认		
部门确认		项目组确认
7S 管理项目组制		

图 3-6-2　红牌式样

4. 实施红牌作战时的注意事项

（1）一定要向全员强调说明被挂红牌是一种资格，为了把工作做得更好，要以正确的态度对待，不可置之不理。

（2）挂红牌的对象不能是个人。

（3）挂红牌理由要充分，完成时间要与对方商讨。

（4）能立刻改正的问题不发红牌。

（5）问题未如期解决，需向推进办书面报告，批准后可延期验收，否则按照规定扣分。

（6）要妥善保管红牌，丢失红牌则按照考核规定扣分。

第七节 定点摄影

一、定点摄影的定义

定点摄影是在现场发现问题后，以某个角度将现状摄影备案，改善完成后在同样地点、同样角度进行摄影，用于跟进和解决问题的一种方法。定点摄影运用的范围很广，在 7S 推行的每个时期都可以运用，也可以用于其他管理领域。使用定点摄影直观简单、说服力强、效果明显，是一种很好的管理方法。

二、定点摄影的基本要求

1. 拍摄要求

（1）在同一位置。

（2）向同一方向。

（3）用同一高度。

2. 拍摄注意事项

（1）尽量使用高像素的数码相机。

（2）使用有日期显示的相机。

（3）拍摄改善后照片时携带改善前的照片确定位置，如图 3-7-1、图 3-7-2 所示。

（4）勤跑勤拍，尽量记录每个过程的变化。

图 3-7-1　改善前摄影案例　　图 3-7-2　改善后摄影案例

三、定点摄影在 7S 中的应用

1. 张贴于看板展示

照片打印出来后，张贴在宣传管理看板上，让所有员工看到现场的问题及改善成果，营造全员参与改善的氛围。

2. 悬挂于现场教育

照片如果有培训、教育、学习的价值，可以做成标准书、案例集等文件，分发到各基层单位，让每个员工注意遵守。

3. 用于总结及成果展示

定点摄影的照片作为看得见的成果之一，经常能在总结报告及成果展示文件上看到。另外，如果能对改善前、改善中（过程及各步骤）、改善后全程跟踪拍摄，这样的一组照片就具备了方法借鉴、成果分享、成就珍藏的三重价值，记录了整个改善历程。

第八节 目视化管理

一、目视化管理的定义

目视化管理是利用形象直观、色彩适宜的各种视觉感知信息，使人、机、料、法、环的状态一目了然，便于组织现场生产活动，达到提高劳动生产率目的的一种管理手段。主要表现如下。

（1）采用标示、标识、颜色等为基本手段，大家都能看得见。

（2）将隐蔽、难以注意的异常显现出来，使大家关注。

（3）以公开化、透明化为基本原则，尽可能地让大家看见管理者的要求和理念，以推动自主管理、自主控制。

所以说，目视化管理是一种以公开化和视觉显示为特征的管理方式，亦可称为"看得见的管理"和"一目了然的管理"，这种管理方式可以贯穿整个改善管理过程中。

二、目视化的三境界

1. 看得见

有物必有区，有区必挂牌，有牌必分类，有类必有账，有账必一致。

2. 看得清

资讯共有化，要求精准化，问题显现化，改善明晰化。

3. 看得爽

一目了然，一见"钟情"，一步"惊心"，一触即发。

三、目视化管理在 7S 中的作用

目视化管理能够显现现场潜在的大多数隐患，无论谁，一看就明白。

（1）迅速、快捷地传递信息：目视化管理依据人类的生理特性，充分利用信号灯、标示牌、符号、颜色等方式发出视觉信号，鲜明、准确地刺激神经末梢，快速传递信息。

（2）现象将潜在问题和浪费形象直观地显现出来：不管你是新人还是其他部门的员工，一看就会明白问题所在。这是目视化管理的独到之处。

（3）客观、公正、透明化，有利于统一认识、提高士气、上下一心完成工作。

（4）促进企业文化的形成和建立：目视化管理通过看板展示对员工的合理化建议、优秀事迹和先进人物表彰、公开讨论栏、关怀温情专栏、企业宗旨方向、远景规划等健康向上的内容，使全员形成较强的凝聚力和向心力，建立优秀的企业文化。

四、目视化管理三大要求

（1）能够判断正常与否。现场材料处于怎样的状态，任何人都能够给予判断。

（2）容易判断，精度高。目视化的方式尽量做到容易理解，节约计算和判断时间。

（3）无论是谁做判断，结果都不会因人而异。目视化的方式尽量做到像红绿灯一样让大众认知，防止人们的不理解和误判断。

五、目视化管理在生产现场中的运用

（1）显化异常和问题，减少寻找和选择。

（2）显化浪费和不良，便于寻找、避免混淆。限位目视化标识、表计目视化标识分别如图3-8-1、图3-8-2所示。

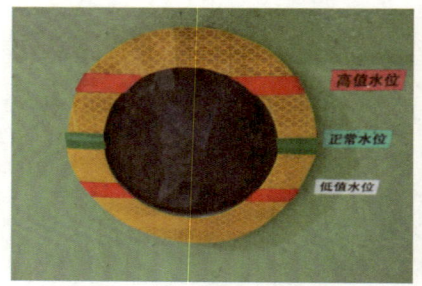

图3-8-1　限位目视化标识　　图3-8-2　表计目视化标识

（3）使管理容易化、效率化，实时显示现场状况，如工作安排、执行情况、完成情况、人员技能、设备负荷。故障跟踪牌如图3-8-3所示。

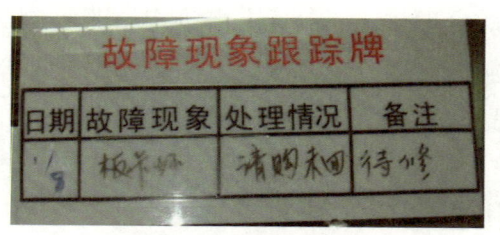

图3-8-3　故障跟踪牌

（4）要求明确、自主管理。点检目视化如图3-8-4所示。

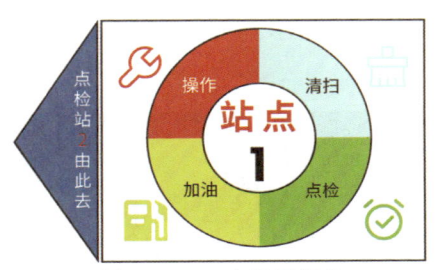

图 3-8-4　点检目视化

（5）用色笔在螺丝和螺母上做记号，确定固定的相对位置，及时发现松动现象。螺栓紧固目视化如图 3-8-5 所示。

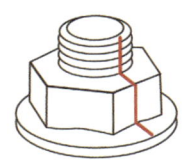

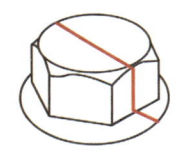

图 3-8-5　螺栓紧固目视化

（6）禁止堆放区域目视化，如图 3-8-6 所示。

图 3-8-6　禁止堆放区域目视化

（7）库存备品备件目视化，如图 3-8-7 所示。

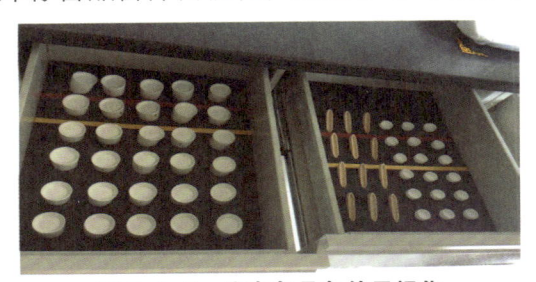

图 3-8-7　库存备品备件目视化

（8）标准明确的目视化管理。运行参数目视化如图3-8-8所示。

图3-8-8　运行参数目视化

（9）用图示、照片做成操作指导书，直观易懂。作业标准目视化如图3-8-9所示。

图3-8-9　作业标准目视化

（10）使用一些有阴影、凹槽的工具放置盘，使各类工具、备件的放置方法、位置一目了然。物品定置目视化如图 3-8-10 所示。

图 3-8-10　物品定置目视化

六、目视化管理是一个持续提升的过程

目视化水平示意图如图 3-8-11 所示。

图 3-8-11　目视化水平示意图

第九节 看板管理

一、看板管理的定义

（1）看板管理是通过各种方式把希望管理的事宜在管理板上显示出来，使管理状况众人皆知的管理方法。

（2）看板管理是 7S 的重要组成部分，是使企业内部营造竞争氛围和提高管理透明度的非常重要的手段。

二、看板管理的作用

1. 传递信息，统一认识

（1）现场工作人员众多，将信息逐个传递或集中在一起讲解是不现实的。通过看板传递，既准确又迅速，还能避免以讹传讹或传达遗漏。

（2）每个人都有自己的见解和看法，公司可通过看板来引导大家统一认识，共同朝向一个目标前进。

2. 帮助管理

（1）看板上的数据、计划揭示便于管理者判定、决策或跟进进度；便于新人更快地熟悉业务。

（2）已经揭示公布的计划书，大家就不会遗忘，进度跟不上时会形成压力，从而强化管理人员的责任心。

3. 绩效考核更公正、公开、透明化，促进公平竞争

（1）工作成绩通过看板来揭示。高、中、低，一目了然，无形中起到激励先进、鞭策落后的作用。

（2）以业绩为尺度，防止绩效考核中人为的偏差。

（3）让员工了解公司绩效考核的公正性，积极参与正当的公平竞争。

4. 加强客户印象，树立良好的企业形象

看板能让企业的客户迅速、全面地了解企业管理现状，从而对企业更加信赖，留下这样的印象："这是一个出色的、井井有条的企业啊！"

三、7S 看板的基本内容

1. 7S 活动方针和目标

（1）明确揭示 7S 活动的方针和目标，包括推行组织。

（2）展示 7S 目标的达成计划：活动整体计划、月计划、周计划等。

2. 推行活动内容

（1）打造进行中的 7S 活动计划，包括决定、执行担当、期限等事项。

（2）明示活动计划与活动指标的进度和达成状况。

（3）妨碍目标达成的问题把握及每天、每月的记录和管理情况。

（4）决定各阶段的活动、管理指标并进行管理。

3. 知识和案例的分享

分为"基础知识""技巧学习"和"改善案例"。

（1）标识的管理方法。

（2）清扫、检查、润滑、紧固的技巧。

（3）污染源的治理等。

（4）定期予以更新。

四、看板设计制作的要求

1. 结构三原则

整体布局协调、局部造型新奇、部分更新便捷。

2. 版面设计三原则

（1）表现丰富——文字不如数据，数据不如图形，图形不如照片。

（2）活用颜色——色彩原则。

（3）形式多样——就地取材。

3. 内容三原则

员工喜闻乐道、内涵精彩实用、提炼升华价值。

4. 责任明确

确定管理责任人及更换周期。

5. 素材收集加工要点

平时注意积累，做到四勤（勤跑、勤看、勤拍、勤问），善于抓住精彩瞬间，如某些细节、典型和事件。

五、看板管理运用的注意事项

（1）看板应设在人流量较多、引人注目的场所，如施工人员出入口或客户参观通道、休息室、食堂等。

（2）看板展示要有一定空间，避免拥挤和影响正常的人行物流畅通。

（3）悬挂高度适中，版面文字大小合适，站着可以清楚阅览全部内容。

（4）看板设置场所光线要充足，必要时可以安装灯箱增加照明。

（5）看板应指定管理担当和更新期限，在醒目的位置揭示出来，保证看板及时更新和维护。

（6）除了一些不经常更换的永久性看板可请专业公司制作外，其他看板尽量设计成可以很方便更新的活动看板，员工做定期更新，这样既可以使员工增加投入、提高关注程度，又能够保证内容的真实贴切和时效性。

第十节 7S 验收及评比

一、目的

（1）通过对各区域的验收，督促各区域按要求完成改善工作。

（2）对各区域的推进成果进行评比，营造比、学、赶、超的氛围，激发员工积极性。

（3）通过表彰和奖励优秀推进区域及优秀个人，树立 7S 标杆。

（4）通过评比，发现现场优秀的成果和经验并推广应用，促进 7S 工作持续改善。

二、适用范围

（1）7S 推进计划如期完成的区域。

（2）同期推进 7S 的区域达 3 个及以上。

三、验收程序

验收由现场评分和 PPT 总结发表两部分组成。现场评分部分占总分的 85%，PPT 总结发表部分占 15%。

（1）现场评分由推进办组织相关人员成立评委小组，参照 7S 评分标准（见表 3-10-1）对各区域实施评分，并对现场存在的问题进行记录，对现场的亮点及改善创意进行记录和点评。

（2）发表总结评分，由推进办组织公司和部门领导组成评委进行评分。

（3）评分完成后，由推进办总结统计，评出 7S 推行优胜单位及个人，并予以表彰。

四、准备工作

（1）评分用硬板夹。

（2）7S 评分标准。

（3）评比时间、路线及评委缺勤的备用安排方案。

五、7S 评委的工作要求

（1）评委评分前应熟悉 7S 评分标准中的内容。

（2）评委因故缺勤，应提前一个工作日通知推进办，由推进办协调其他人员参加评比。

（3）评委须回避直接责任区域。

表 3-10-1　7S 评分标准

7S评分表

序号	评比内容	评价标准 - 很差	评价标准 - 不及格	评价标准 - 及格	评价标准 - 良好	评价标准 - 优秀	评比区域（评比路线）1	2	3	4	5	6	7	8	9
1	难易度 15分	十分容易 6分以下	较容易 6~8分	有难度 8~10分	难度大 10~13分	难度极大 13~15分									
2	现场管理状态 40分	有明显垃圾和杂物 6分以下	无垃圾、无杂物 6~7分	没有明显脏污，清扫得干净 7~8分	长期顾খ清除较彻底 8~9分	整洁、连隐蔽处也无尘 9~10分									
		杂乱无章 6分以下	进行了摆放，个别不整齐 6~7分	摆放整齐 7~8分	摆放整齐，清点容易 8~9分	管理要求清晰（如操作要求、最大安全库存、数量等清晰）9~10分									
		无标识 6分以下	个别无标识 6~7分	全部有标识 7~8分	标识清楚，一目了然 8~9分	标识清晰美观，行颜色管理 并进 9~10分									
		物品无定位 6分以下	定位不完全 6~7分	物品全部定置定位 7~8分	定位线不够美观，非本区域人员粉刷、粘贴 8~9分	定位线美观大方，为员工自行粉刷、粘贴 9~10分									
3	总体改善效果 30分	没有改变 10分以下	有一些变化，但不明显 10~15分	有变化，不够完善 15~20分	有明显变化，效果不错 20~25分	变化巨大，值得推广 25~30分									
4	推行中员工创意 10分	没有创意 6分以下	有动手制作改变原有状态 6~7分	有创新，效果尚有待完善 7~8分	创意较实用，制作不够精致 8~9分	实用、新颖、美观，利于维持 9~10分									
5	评比过程解说 5分	基本没有讲解 1分以下	只是做了工作介绍 1~2分	能够说出大部分改善内容 2~3分	能够把改善内容说完整 3~4分	表达清晰，对7S管理理解到位 4~5分									
	总分														

132　7S 现场管理督导师手册

六、分数计算方法

1. 最终得分公式

最终得分 =7S 评分表所得分数 × 加权系数 K

2. 加权系数

（1）计算公式。

1）基本方法：设定基准参数（一般在 1.00～1.10 之间），一般采用排比法确定相应系数。人数、面积悬殊时，可用等比法确定系数。

2）加权系数 K。

K={[K1+（K2×K3）+K4]/3+（K1×K2×K3×K4）}/2

① K1：整理整顿的困难度，主要考虑责任区域设备物品的多少、物品轻重、空间大小、物品进出频率、整理整顿难易程度。最容易的一组系数为 1，评估其他各组 K1 值。

② K2：面积系数。

面积比例 = 责任区内面积数 / 全厂面积数

表 3-10-2 是相应面积比例的 K2 值。

表 3-10-2　面积比例相应 K2 值

面积比例	0.05 以下	~0.1	~0.15	~0.2	~0.25	~0.3	~0.35	~0.4	~0.4 以上
K2	1.00	1.01	1.02	1.03	1.04	1.05	1.06	1.07	1.08

③ K3：人数系数。

人数比例 = 区域员工人数 / 全厂员工人数

表 3-10-3 是相应人数比例的 K3 值。

表 3-10-3　人数比例相应 K3 值

人数比例	0.05 以下	~0.1	~0.2	~0.3	~0.4
K3	1.00	1.02	1.04	1.06	1.08

④ K4：素养系数。

以部门人均教育年限得出系数。

表 3-10-4 是相应平均教育年限的 K4 值。

表 3-10-4 平均教育年限相应 K4 值

平均教育年限	8	9	10	11	12	13	14	15 ~
K4	1.07	1.06	1.05	1.04	1.03	1.02	1.01	1.00

（2）各区域加权系数。

各区域填写加权系数相关数据后交到推进办，由推进办公室计算并在验收评比前公布。

七、奖励方案

（1）根据评比分数设一、二、三等奖，奖励区域占评比区域总数的 50%。

（2）设优秀督导师奖，获奖人数占督导师总人数的 30%；由评比区域推荐，推进办核实。

（3）设 7S 优秀员工奖，由获得区域推荐，推进办核实。

（4）各奖项奖励方式由推进办于评比前制定，报企业审批，于总结表彰会上发布评比结果及兑现奖励。

（5）7S 评比成绩纳入部门、员工年度绩效考核。

八、申诉制度

（1）若认为 7S 的评分和实际情况有任何不符或不合理的，可在两个工作日内提出申诉。

（2）申诉人提出申诉前必须确定核对过最新的检查标准，并且与该评分小组协调过。

（3）7S 申诉由推进委员会负责调查处理，并在最终裁决后生效。

第十一节 设备点检目视化

一、目的

（1）规范设备点检保养的工作，指导员工按要求完成点检，维护设备保持健康状态。

（2）及时发现设备缺陷及隐患，及时报修处理；避免设备异动或非停，影响生产或发生安全事故，造成损失。

二、适用范围

需要定期检查、清扫、润滑和紧固的设备。

三、现场设备点检内容

（1）设备点检作业指导书，如表3-11-1、图3-11-1所示。

表 3-11-1　设备点检作业指导书

设备点检作业指导书

区域		设备名称		设备型号	
略图	No.	点检项目	点检标准	点检工具	点检周期
点检点图例	1				
	2				
	3				
	4				
	5				
	6				
	7				
	8				
	9				
修订		年 月 日	改订内容	制作	校对
作成日		年 月 日	制作	校对	批准

第三章 7S推行工具

页　次	1/1	作　业　指　导　书　名　称	核　准	
版　序	A		审　查	
文件编号		J31G-125高速冲压机点检指导书	制　订	
制订日期	2006年10月2日		制订单位	标准链厂

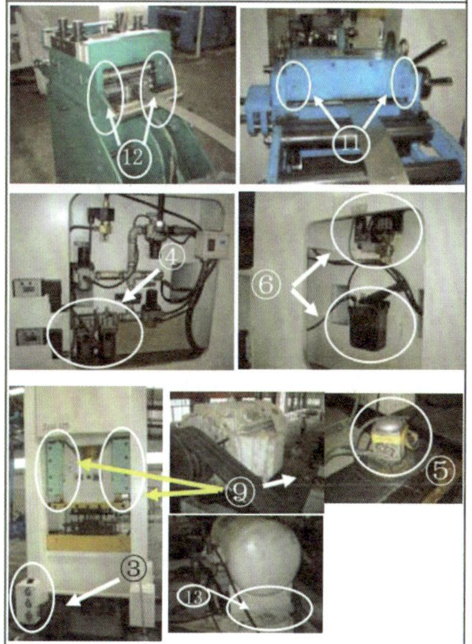

No.	点检项目	点检工具	点检标准	点检周期
1	外观各零部件完好、无异常、无多余物	目视	无缺损、不良、漏油	1次/日
2	油路正常	目视	畅通	1次/日
3	确认气压是否正常（三个气压表）	目视	中间0.45mpa、上下90.5mpa	1次/日
4	气路排污	手动		1次/日
5	冷却泵底部进行清洁，防止堵塞	手动	无杂质、无堵塞	1次/日
6	自动油泵、手动油泵的油位中间偏上，如量少需加油	目视、0#锂基润滑脂	保持在中间偏上	1次/日
7	切削液清洁无异物	目视	无脏污、无异物	1次/2日
8	添加切削液	切削液	5kg/次	1次/周
9	导轨润滑良好	目视	导轨接触面有润滑油	1次/周
10	导轨螺丝8颗，顶部主电机4颗无松动	24#扳手	无松动	1次/周
11	送料机（4处）加油	油枪、32#机油	喷2次	1次/周
12	平板机（4处）加油	油枪、32#机油	喷2次	1次/周
13	顶部平衡气缸螺丝4颗紧固无松动	19#扳手	无松动	1次/月

点检要求：1.每日点检项目须在开机后半小时内实施点检。2.每周点检项目须在每周一开机后半小时内实施点检。3.每月点检项目须在每月1日上午下班前完成，如遇节假日，应在收假后第一个工作日上午进行。4.车间按日点检周期要求实施点检，由操作工按点检周期要求复刻在哪天"×"上面上圆圈，即◯。5.点检正常以打"√"表示，点检异常打"×"表示。6.操作工点检后要签名，异常状况不能自行处理时要及时上报，班长或车间维修工每周进行一次设备点检复查。并将异常状况记录在点检记录表的"异常记录"栏。

图 3-11-1　设备点检作业指导书

（2）设备点检定位和路线指引图，如图 3-11-2 所示。

汽前置泵及电机点检定位图

备注：AP013 点位置在 5.8m

机务专业　机务专业　电气专业

AP136　AP05-105　AP04-072　AP08-123　AP01-031　AP01-044

AP013 点检定位点 备注：位置在 6.8m

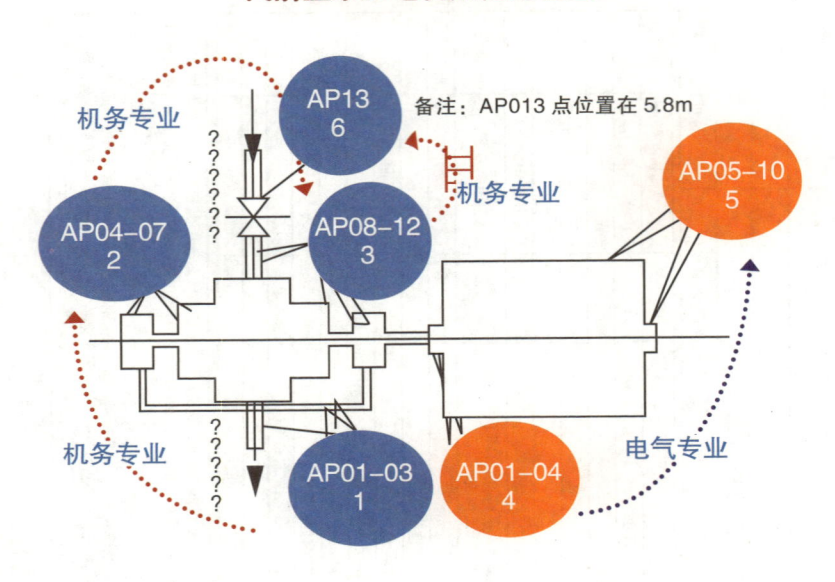

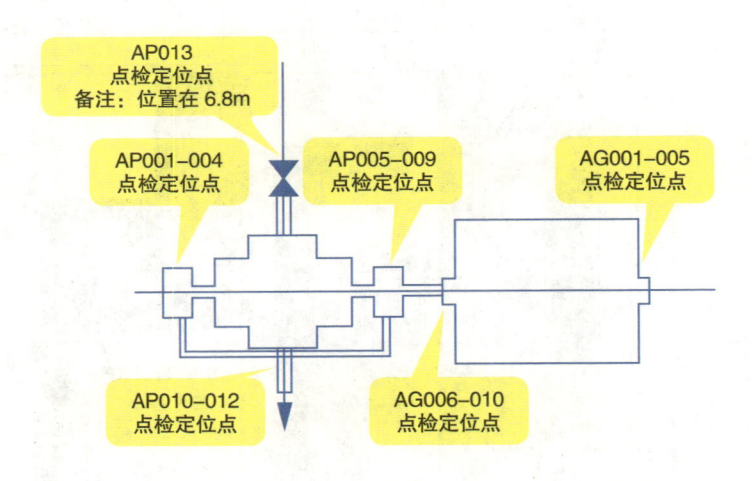

AP001-004 点检定位点　AP005-009 点检定位点　AG001-005 点检定位点

AP010-012 点检定位点　AG006-010 点检定位点

图 3-11-2　设备点检定位和路线指引图

（3）设备点检记录表，如图 3-11-3 所示。

设备点检记录表（　年　月）

部门：　　　　　上胶机：　　　　　开卷段　　　　　主管确认：

类别	NO.	点检项目	点检标准	工具	点检周期	1	2	3	4	5	6	7	8	9	10	11	12	13	14	15	16	17	18	19	20	21	22	23	24	25	26	27	28	29	30	31
日点检项	1																																			
	2																																			
	3																																			
	4																																			
	5																																			
	6																																			
	7																																			
点检	8																																			
	9																																			
白班点检者																																				
夜班点检者																																				
班长确认																																				

点检实施记录

点检NG记录

月	日	不良内容	处理内容	确认

点检NG记录

月	日	不良内容	处理内容	确认

备注：正常时打"√"，异常时打"×"，在点检NG上记录，并签名。

图3-11-3 设备点检记录表

四、设备点检位置编号原则

编号原则：设备简称代号 + 点检类别代号 + 点检位置序号。

（1）设备简称代号：用设备全称拼音的第一个字母表示。

（2）点检类别代号：机械——J，电气——D。

五、点检标识

（1）内圈图标含义如下。

①蓝色环图标——测振。　②红色环图标——测温。

③眼睛图标——目视。　　④耳朵图标——耳听。

⑤油壶图标——加润滑油。⑥油枪图标——加润滑脂。

⑦鼻子图标——鼻闻。　　⑧扳手图标——是否松动。

（2）外圈颜色含义如下。

①红色——电气专业。

②黄色——机械专业。

（3）标识规格：外径 30mm，内径 10mm。

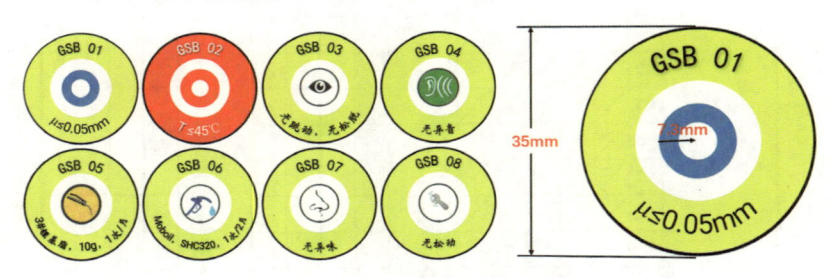

（4）标识图解，如图 3-11-4 所示。

图 3-11-4　设备点检标识图解

（5）实际案例，如图 3-11-5 所示。

图 3-11-5　设备点检标识实际案例

六、点检定位点目视化

（1）标识规格：直径 300mm。点检位置编号采用 140mm（长）×24mm（宽）色带打印，机务采用透明底黑字，电气采用透明底红字。点检顺序编号采用 30mm（长）×24mm（宽）透明底黑字打印。

（2）字体：黑体居中，字号 64，页边距 1mm。

（3）点检顺序编号原则：按巡检路线从小到大编号。

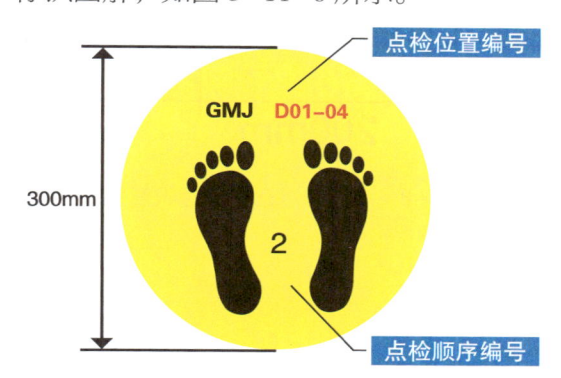

（4）标识图解，如图 3-11-6 所示。

图 3-11-6　设备点检点标识图解

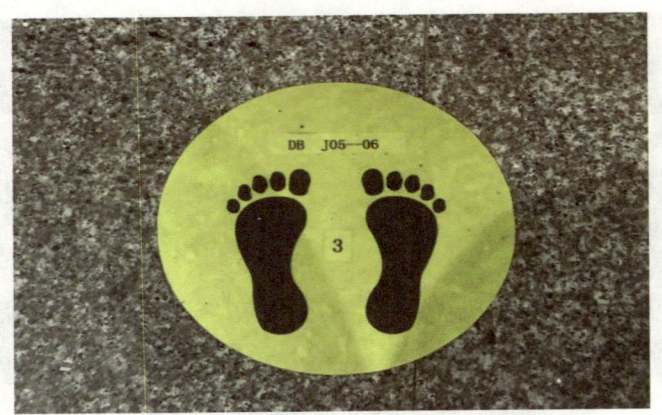

（5）实际案例，如图 3-11-7 所示。

图 3-11-7　设备点检点标识实际案例

七、定点位方向指引标准

（1）由一个定点位（脚印）到下一个定点位的标识，如果在视线范围之外，可采用"箭头"或"箭头＋虚线"或"箭头＋文字"进行方向指引。

（2）颜色：绿色。

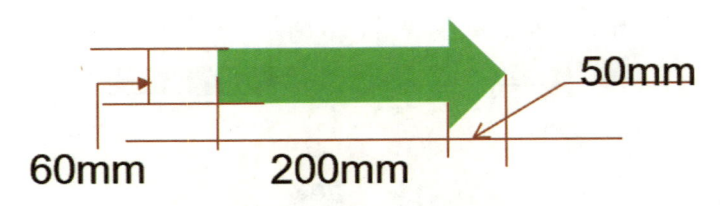

（3）箭头尺寸，如图 3-11-8 所示。

图 3-11-8　定点位方向指引标识箭头尺寸

（4）实际案例，如图 3-11-9 所示。

图 3-11-9　定点位方向指引标识实际案例

第十二节 区域清扫责任表

一、目的

（1）明确区域定期清扫项目、责任人及清扫周期。

（2）管理人员按 7S 区域清扫责任表（见表 3-12-1）抽查完成情况，督促保持现场 7S 实施效果。

二、适用范围

已通过 7S 验收并进入日常保持阶段的区域。

区域清扫责任表

表 3-12-1 区域清扫责任表

负责人：_____

区域/设备	清扫部位	清扫周期	要点及目标	现场实施确认（ 月 ）
				1 2 3 4 5 6 7 8 9 10 11 12 13 14 15 16 17 18 …… 30 31
空调器	外观、过滤网	周五	眼观干净，手摸无灰尘	
OA 设备	内外部污垢、周边环境	周一/周三	眼观干净，手摸无灰尘，无故障	
地面	表面	每天	1.保持清洁，无污垢、碎屑、积水等 2.地面无破损、画线、标识清晰无剥落	
	通道		区画线清晰，画线、标识清晰无剥落	
	摆放物品		定位、无杂物，摆放整齐无压线	
	清洁用具		归位摆放整齐，保持用品本身干净完好，及时清理	
墙/天花板	墙面	每天	保持干净，无不要物，贴挂墙身物品整齐合理	
	开关/照明		干净无积尘，下班时关闭电源	
	门窗	周五	玻璃干净，无破损，框架无灰尘，窗帘整齐清洁	
	公告栏		干净并及时更新，无过期张贴物	
	天花板		保持清洁，无蛛网，无剥落	
工作台/办公桌	桌面	每天	物件定位、摆放整齐、干净，无多余堆压物	
	抽屉		物品分类存放，整齐清洁，公私物品分开放置	
	座椅		归位，地面无堆放物	
箱/柜	表面	每天	眼观干净，手摸无灰尘，无杂要物	
	内部		分类摆放整齐，清洁	
	摆放物品		叠放整齐，稳固，无积尘，无堵塞	
台架/货架	通道		1.保持通畅 2.无不明物，地面摆放有明确区域及标识	

◎此栏由组长签字确认：_____

注：(1)每天上午9:00 由责任人确认，合格在相应栏内画"○"，不合格应立即整改；不能立即整改的，先画"△"，待整改后画"■"。
(2)每天上午9:00 以后，由组长到各责任区检查确认，并在确认栏签字。

第十三节 清扫指导书

一、目的

（1）以清扫为手段，同时进行整理、整顿活动，扫除灰尘杂物，清除脏污异常。在强调自主实施的同时，重点培养员工对待工作环境的态度和发现异常的眼力。

（2）通过彻底清扫将陈年污垢除去，创造一个整洁的工作场所。

（3）防止灰尘、脏污造成设备及周边环境的劣化。

（4）使设备潜在的缺陷、异常明显化。

（5）彻底清扫设备的各个角落，切身体验"清扫也是点检"，做到"自己的设备自己维护"。

二、适用范围

适用于所有工作场所及厂区公共环境。

三、实施步骤

1. 工作场所进行区域划分

①制作区域平面分区图。

②标示各区域清扫的责任岗位和人员。

③张贴在 7S 管理看板上。

2. 制订实施计划

①责任划分：决定由谁在何时对何区域实施。

②实施程度：由区域内的什么地方开始，做到什么标准。

3. 实施前教育

让所有清扫实施人员明确清扫的计划和要求事项。

4. 实施彻底清扫

①实施过程中，要注意对储物盖里面、设备背面、平时不打开部位进行清扫。如果只对框架、封盖表面等进行清扫的话，活动将局限在单纯的大扫除上。

②被指出的问题点要在现场进行识别，可进行红牌活动。

③被指出的问题点要以场所、类别、内容等加以分类并明确数量，做到一目了然。

④为了高效、良好地维持清洁状态，清扫时应考虑以下细节。

◆怎样不弄脏、不弄乱。

◆弄脏了，能立即处理干净。

◆有异常，能立即看到。

◆管理基准明确化。

5. 实施方法的标准化

清扫需要长期坚持。通过彻底清扫活动，"发现了什么""结论是什么""明白了什么"，以及通过改善"学到了什么"，这些都是工作中很重要的知识，都应作为重点加以总结，并制定《日常清扫点检项目要求》加以标准化。

四、清扫要点、重点

设备清扫要点如表 3-13-1 所示。

表 3-13-1　设备清扫要点

类别	清扫部位	清扫要点	清扫重点
设备及附属机械	1. 接触原材料/制品的部位，影响品质的部位（如传送带、滚子面、容器、配管内、光电管、测定仪器）	* 有无堵塞、摩擦、磨损等	* 清除长年放置堆积的灰尘、垃圾、污垢 * 清除因油脂、原材料的飞散、溢出、泄漏造成的脏污 * 清除涂膜卷曲、金属面生锈 * 清除不必要的揭示 * 明确不明了的标识
	2. 控制盘、操作盘内外	* 有无不需要的物品、配线 * 有无劣化部件 * 有无螺丝类的松动、脱落等	
	3. 设备驱动机械、部品（如链条、链轮、轴承、马达、风扇、变速器等）	* 有无过热、异常音、振动、缠绕、磨损、松动、脱落等 * 润滑油泄漏飞散 * 点检润滑作业的难易度	
	4. 仪表类（如压力、温度、浓度、电压、拉力等的指针）	* 指针摆动 * 指示值失常 * 有无管理界限 * 点检的难易度等	
	5. 配管、配线及配管附件（如电路、液体、空气等的配管，开关阀门，变压器等）	* 有无内容/流动方向/开关状态等标识 * 有无不需要的配管器具 * 有无裂纹、磨损	
	6. 设备框架、外盖、通道、立脚点	* 点检作业难易度（明暗、阻挡、狭窄）	
	7. 其他附属机械（如容器、搬运机械、叉车、升降机、台车等）	* 液体/粉尘泄漏、飞散 * 原材料投入时的飞散 * 有无搬运器具点检等	

第十四节 点滴教育 OPL

企业的成败取决于员工是否有良好的习惯；员工良好的习惯取决于明确的方法和每天的坚持；制定正确的方法并坚持执行、不断改善，企业才可以持续发展并取得成功。

一、定义

OPL（One Point Lesson）是针对某项要点进行的传达教育，一般在10分钟内完成，所以被称为"点滴教育"或"10分钟教育"。

二、推行 OPL 的意义

将知识、经验、技能通过简单明了的方式表达出来，使其他人一看就明白，可以达到高效沟通、共享的目的。

三、实施 OPL 的作用

（1）聚沙成塔，集腋成裘——技术积累。
（2）耳濡目染，诲人不倦——培养员工。
（3）天天学习，日日改善——养成习惯。
（4）全员参与，上下齐心——形成氛围。
（5）每天一小步，每年一大步——持续改善。

四、实施 OPL 的要求

（1）OPL 要书面化（见表 3-14-1）：俗话说"百闻不如一见"，将点滴教育内容整理成册，可以作为内部技术标准化的积累，便于班组、部门、车间、分厂之间交流学习，营造改善的氛围，使大家养成改善的习惯。

表 3-14-1　点滴教育（OPL）空白表

点滴教育（OPL）				
部门		课程分类	☐ 基础知识 ☐ 问题实例 ☐ 改善实例	管理编号
^		^	^	制作日期
主题				制作　审核　批准
图片说明				重点　为什么 （Know – Why）
实施日期				
由谁 （施教者）				
对谁 （受教者）				
实施后的评价				

（评价）"1"：了解但不会操作；"2"：可以操作但不够熟练，重点熟悉；"3"：操作熟练，且经验丰富；"4"：能成为教导者。

（2）晨会实施 OPL（1 次 / 日 / 班组）。

（3）点滴教育可以由员工、班组长写，也可以由部门领导写。

（4）实施教育者可以是晨会主持人，也可以是其他特定人员。

五、如何教育

（1）由 OPL 制定者组织相关人员现场讲解，必须在 10 分钟内讲完。

（2）所有听过、看过 OPL 的人员都要在 OPL 表上签名。

（3）签名空间不够时应贴上空白签名表，粘贴时注意不要把上次签名记录遮挡。

六、OPL 案例（见图 3-14-1）

点滴教育（OPL）

车间/班组	倍捻车间	课程分类	■基础知识 □问题实例 □改善实例	管理编号	GHOPLBN-008
主题			割管机过滤网如何清洁	制作日期	2022 年 6 月 16 日
				制作	
				审核	
				批准	

图片说明

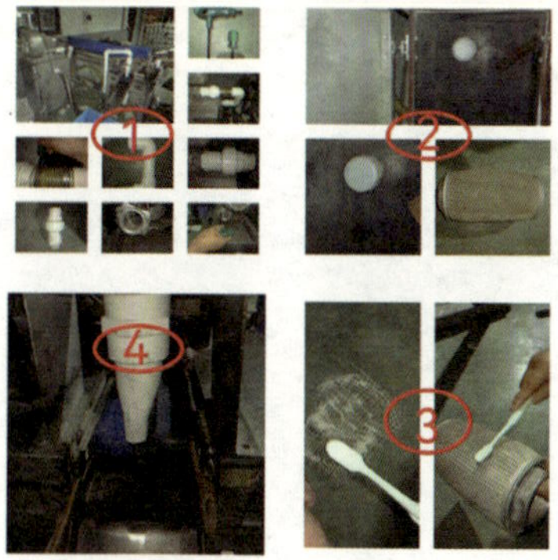

作业分解表

序号	主要步骤	要点	要点的理由
1	拆	1. 准备一把平口螺丝刀，一把 6mm 的内六角，如图示①；2. 先用平口螺丝刀把通风管固定圈螺丝退松，如图示①；3. 用 6mm 内六角把固定过滤网的圈拆下来，如图示①；4. 打开废丝箱把里面的过滤网拧下来，如图示②	容易把过滤网拆下来
2	刷	1. 用毛刷把过滤网上的灰尘杂质刷掉，如图示③；2. 把灰全部吹干净	保证过滤网上没有灰尘和油污，保证过滤网通风散热良好
3	装	1. 把过滤网通风口封住，用 6mm 的内六角把固定圈拧上，拧紧，如图示①；2. 如图示①把两节通风管扭上，把固定环用平口螺丝刀拧紧	保证清洁后的过滤网安装正确
4	检	1. 测试风口吹风是否正常，是否发热和风小，如图示④；2. 割管试清理通过滤网的洗废丝口是否能吸，能吸就已经安装好	测试过滤网是否安装牢固和清理后的效果

实施日期	5 月 12 日	5 月 13 日	5 月 14 日	5 月 15 日	5 月 18 日
由谁（施教者）	□1 ■2 □3 □4	□1 ■2 □3 □4	□1 ■2 □3 □4	□1 ■2 □3 □4	□1 ■2 □3 □4
对谁（受教者）	□1 ■2 □3 □4	□1 ■2 □3 □4	□1 ■2 □3 □4	□1 ■2 □3 □4	□1 ■2 □3 □4
实施后的评价	□1 □2 ■3 □4	□1 □2 ■3 □4	□1 □2 ■3 □4	□1 □2 ■3 □4	□1 □2 ■3 □4

评价："1"：基本可以操作，但不够熟练；"2"：独立操作，要点清楚；"3"：操作熟练，且知道理由；"4"：可以成功指导者。

图 3-14-1　OPL 案例

第十五节
合理化建议及改善提案

SECTION 15

一、目的

为鼓励全体员工积极参与公司 7S 改善活动，明确 7S 改善活动奖励的运行方式，通过持续自我改善激发全体员工的工作士气，积累并推广群体的智慧以不断提出改善工作的建议与方法，提高改善意识以期提高品质和降低成本，促进管理以达到革新企业体质的目的，特制定此制度。

二、适用范围

企业全体员工。

三、制度的制定与修改

7S 推进办公室制定及修订 7S 改善提案制度、奖励标准及实施，推进、完善 7S 改善活动。

四、具体规定

1. 改善提案的定义

改善提案是指针对企业在工作中存在的所有不合理或需改

善的现象实施的改善方案或提出的合理化建议；同时其方案必须满足投入、产出最优化经济原则。

2. 改善提案的范围

（1）改善提案受理范围。

①经营管理方面：有利于公司、部门或班组文化建设，有利于现场管理、提高团队士气等。

②品质改善方面：减少成品不良的动作改善、工具改善、检测方法及流程改善、提高产品稳定性等。

③降低成本方面：效率提升、作业方法改善、制造流程改善、治工具改善、物流改善、布局改善、其他降低成本的方法等。

④生产技术方面：生产方式改善与变革的方法与建议，新生产技术的建议与想法。

⑤其他方面：有关安全生产、生产环境改善等7S改善方面的提案，其他有利于部门发展进步的合理化建议。

（2）改善提案不受理范围。

非建设性的批评、抱怨，涉及人身攻击的内容以及无具体改善内容、重复内容的提案等，涉及公司福利、薪酬、人事异动及任免等内容的改善不予受理。

3. 改善提案推进委员会组织机构与职能

（1）组织机构如图 3-15-1 所示。

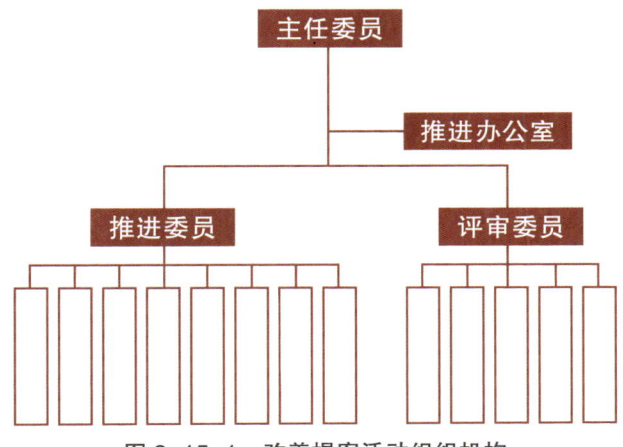

图 3-15-1　改善提案活动组织机构

（2）各机构职能。

1）主任委员：改善提案的最终确认及监督执行。

2）推进办公室职责如下。

◆改善提案的日常实施推进、总结。

◆与提案者的联络等日常事务。

◆改善提案实施效果的推广。

◆改善提案的收集，评审会议的组织，改善提案的宣传、总结等。

（3）推进委员：负责本部门内各改善提案的指导、核查与推进工作。

（4）评审委员：参与改善提案的评审工作以及对改善提案评审规则提出建议与修订。

4. 改善提案的处理流程（见表 3-15-1）

表 3-15-1　改善提案处理流程

处理流程	处理流程日程对照表	责任人
提案提出	当月	个人或团体责任人
改善提案申报	当月	个人或团体责任人
部门或班组确认实施	月底	主任或班组长
改善提案收集	次月 10 日	推进办
评审	次月 15 日	评审委员
公布、宣传、存档	次月 20 日	推进办

5. 改善提案的评审

改善提案评审由评审委员根据以下评审基准进行公平公正的评审。

改善提案评审基准要点分为以下四部分。

①创新性方面（20 分）。

◆必须是本期提出的。

◆在此之前没有类似的作业方法、加工方法或管理体制等。

◆在更高层次考虑问题（超出本职工作范围）可考虑加分，提倡全局。

◆对本职工作没做到位进行更正的提案，得分有折扣。

◆对改善、改革有促进作用的。

②可实施性方面（30 分）。

◆最好能体现实际价值，能产生经济效益。

◆未能实施，但非常有创意的可以以合理化建议的方式提出。

◆若两个方案实施效果相同，考虑实施难度。

③实施效果方面（30分）。

◆依据投入、产出经济原则计算改善效果。

◆改善效果有数据说明，有可操作性，可衡量。

◆品质改善时，降低不良的改善方法可加分。

④可推广性方面（20分）。

◆改善方法可否运用于其他工程或其他部品？是否可以在区域水平展开？若可以，则依水平展开范围进行评定。

◆改善后方法可否标准化？

6.评审评分参考基准（见表3-15-2）

表3-15-2　改善提案评分基准

序号	要点	评分基准		
1	创新性 （20分）	模仿 5～10分	应用 10～15分	创新 15～20分
2	可实施性 （30分）	实施困难 0～10分	可实施 10～20分	容易实施 20～30分
3	实施效果 （30分）	已实施 5～10分	已产生效益 10～20分	效益巨大 20～30分
4	可推广性 （20分）	本产品 5～10分	多种产品 10～15分	整个车间 15～20分

7. 奖励标准（见表 3-15-3）

表 3-15-3　改善提案奖励标准

范围	类别	内容与要求	评比周期	奖金/件
部门	最佳提案奖	在三等奖以上的人均件数最多的部门，低于 1 件/人，不发此项	半年	××××
部门	最佳参与奖	人均参与率最高的部门，参与率低于 1.5 件/人	半年	××××
团体	最佳效率改善奖	效率改善最显著提案最多	半年	××××
团体	最佳品质改善奖	品质改善最显著提案最多	半年	××××
团体	最佳环境改善奖	环境改善最显著提案最多	半年	×××××
团体	特等奖	评分 ≥ 95 分	季度	×××××
团体	一等奖	80 分 < 评分 ≤ 95 分	季度	×××
团体	二等奖	65 分 < 评分 ≤ 80 分	季度	×××
团体	三等奖	50 分 < 评分 ≤ 65 分	季度	××
团体	参与奖	评分 < 50 分	季度	××
个人	最佳效率改善奖	效率改善最显著的提案	半年	××××
个人	最佳品质改善奖	品质改善最显著的提案	半年	××××
个人	最佳环境改善奖	环境改善最显著的提案	半年	×××
个人	特等奖	评分 ≥ 95 分	季度	×××
个人	一等奖	80 分 < 评分 ≤ 95 分	季度	×××
个人	二等奖	65 分 < 评分 ≤ 80 分	季度	×××
个人	三等奖	50 分 < 评分 ≤ 65 分	季度	××
个人	参与奖	评分 < 50 分	季度	××

8. 发布制度

7S推进办根据提案收集情况选定当月推广提案；每季度举行发布会，表彰优秀的改善事例、提案人员等。

9. 合理化建议表及改善提案专用纸（见表3-15-4、表3-15-5）

表3-15-4　合理化建议表

合理化建议表　编号：

部门		提出人		申报日		受理日	
合理化建议标题							
改善前情况描述（尽量用图片+文字描述）				合理化建议			
所在部门主管领导意见							
合理化建议评审小组意见	评价项目		采纳	继续调研		暂缓采纳	不采纳
实施部门				公司领导签字			

表 3-15-5　改善提案专用纸

改善提案专用纸

编号

工号		姓名		提案日		受案日	
提案名称							

改善前描述（尽量用图描述）	改善后描述（尽量用图描述）

改善过程描述：

评委确认改善效果	有形效果：			无形效果：			
	序号	评价项目	评审得分	序号	评价项目	评审得分	最终得分
	1	创新度 （0~20分）			实施效果 （0~30分）		
	2	可实施性 （0~30分）			可推广性 （0~30分）		
等级	参与奖		三等奖	二等奖		一等奖	特等奖

备注：团体提案，在提案者中填写组长，其他成员另外附上。

第十六节 7S 手册（口袋书）

为配合公司广泛开展 7S 运动，编写《员工 7S 活动手册》，手册中翔实地介绍 7S 的定义、目的、效用，推行要领及其意义，具有指导作用，如图 3-16-1 所示。编制完成印刷成册，员工人手一册，随身携带，可以随时学习相关知识。广大员工勤学习、深领会、常行动，并循序渐进、持之以恒，不断规范自己的日常工作，最终养成一个良好的习惯，为公司的稳步发展打下坚实的基础。

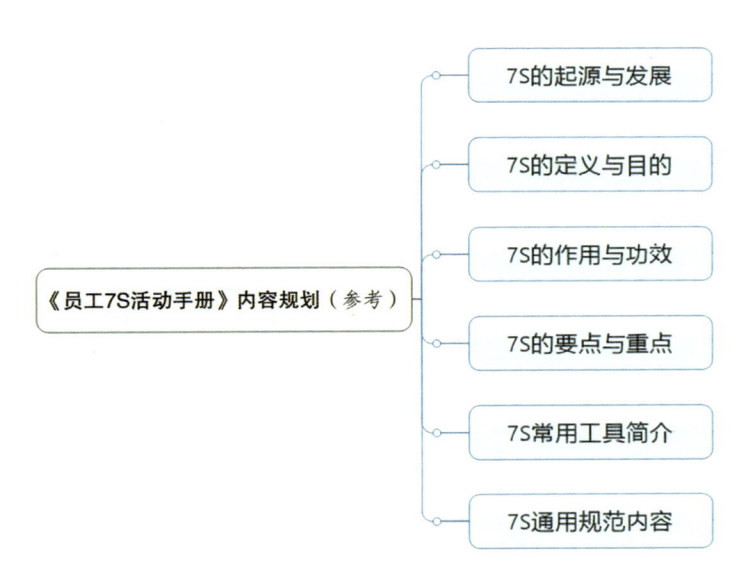

《员工7S活动手册》内容规划（参考）
- 7S的起源与发展
- 7S的定义与目的
- 7S的作用与功效
- 7S的要点与重点
- 7S常用工具简介
- 7S通用规范内容

图 3-16-1　《员工 7S 活动手册》框架

第四章 Chapter 4
7S 推行活动

在 7S 推进的过程中，为了营造氛围、发动员工积极参与并及时宣传各区域的推进进度及优秀成果，促进各区域之间的交流和分享，可不定期组织 7S 的相关活动。

第一节 宣传活动

SECTION 1

一、摄影展

（一）活动目的

发现 7S 推进过程中的精彩瞬间、优秀成果以及记录 7S 推进的全过程，记录现场的变迁，为 7S 推进工作增添活力。

（二）作品要求

健康积极，作品题材不限，包括现场改善前、改善中、改善后的照片，员工在推进过程中挥洒汗水的镜头，团队士气高昂的状态等（照片不可借助电脑修饰；统一 6 寸）。

（三）面向对象

所有员工。

（四）报名方式

以部门为单位将作业汇总到推进办公室。

（五）活动流程

1. 前期准备

（1）宣传工作：由推进办负责绘制海报后张贴于各宣传区域，并在各类会议上进行宣讲，在内刊、内网、工作微信群进行宣传，传达具体内容。

（2）初选作品：为保证所有展出作品符合要求，对所有参选的作品进行初选和分类。

（3）布置场地。

2. 展览过程

（1）作品展出期间安排专人管理。

（2）组织人员有序地参观作品，保证作品不受损坏。

（3）参展人员可相互交流，提出宝贵意见。

（4）评比出优秀作品，以资奖励。

3. 后期工作

（1）展出结束后，组织相关部门及人员整理场地。

（2）整理展出作品，统一保管。

（3）总结本次摄影展的效果。

（六）奖项设置

（1）每位参观人员有一次投票机会，可以把选票投给他认为最优秀的作品。

（2）所有展出作品可在网上平台同步展出，设立网上投票。

（3）展出结束，以现场得票数×权重系数+网络得票数×权重系数计算作品最终成绩，并据此评出一等奖 1 名，二等奖 2 名，三等奖 3 名，优秀奖若干。

（4）奖励方式：荣誉证书及奖金。

二、微电影大赛

微电影大赛以"7S 推进"为主题，用 5~10 分钟的微电影讲述现场 7S 推进的成果及员工变化。

（一）活动前期宣传

由推进办负责绘制海报后张贴于各宣传区域，并在各类会议上进行宣讲，在内刊、内网、工作微信群进行宣传，传达具体内容。

（二）活动中应注意的问题及细节

（1）安全问题。拍照过程中不能影响现场正常工作，尽量减少高空等危险拍摄方式，必要时须做好各种防范措施，确保安全。

（2）若需无人机拍摄，须取得相关部门许可。

（3）做好参赛作品的存储和保管，避免丢失和损坏。

（三）决赛及颁奖

（1）每个作品播映前，各作品参赛代表可对作品做简要介绍。

（2）每个参赛作品播映完毕后进行投票，在所有作品播放完毕后核算并公布所有参赛作品的投票结果。

（3）由评委评分和网络投票结果综合评出一、二、三等奖。

（4）各奖项评选完毕后由颁奖嘉宾逐个颁发各奖项。

（5）中场可穿插问答及互动游戏，比赛开始前进行优秀作品展示（不参与评奖）。投票环节播放由推进办制作的视频，记录各作品拍摄和剪辑的过程及背后的故事。

三、连环画大赛

连环画俗称"小人儿书",作为我国传统的艺术形式之一,它在绘画艺术发展史上占有重要地位,以图文并茂、通俗易懂的特点吸引了读者。

可根据员工的才艺能力,举办 7S 主题的连环画作品展及比赛。

四、诗歌朗诵会

诗歌朗诵会通过丰富多彩、生动活泼的形式,对广大员工进行爱家、爱厂、爱人的精神教育,进一步提高员工的综合素质,为营造良好的 7S 环境奠定基础。

(一)朗诵会的主题

"美丽家园,快乐 7S"诗歌朗诵。

(二)朗诵会的活动安排

(1)明确朗诵会报名时间。
(2)明确朗诵会举办时间和地点。
(3)邀请公司领导出席及点评。

(三)活动作品要求

(1)要求报名时同时提交将朗诵稿件和配乐。
(2)诗歌、散文(鼓励原创)作品要求思想内容健康、积极向上,具有真情实感。

（四）评比标准

（1）全程脱稿。

（2）正确：发音准确，吐字清晰，不读错字、不添字、不漏字、不改字。

（3）流利：语调自然、流畅，不忘词。

（4）感情：感情丰富，情绪饱满，忠实于原作品，领会作品内容，准确把握作者的思想感情。

（5）节奏：语速快慢得当，声音能够传达出作品意境。

（6）仪态：自然、大方。

（7）音乐：背景音乐选用恰当，与作品意境一致。

（五）评分事项

（1）评分采用 10 分制：朗诵内容 2 分，选手仪表 2 分，朗诵技巧 3 分，朗诵效果 3 分。

（2）取平均分。

五、7S 简报

（一）定义

简报是传递某方面信息的简短内部报告，它是具有汇报性、交流性和指导性特点的简短、灵活、快捷的书面形式。

（二）特点

内容真实丰富，篇幅尽量简短，限于内部交流。

（三）格式结构

一般都包括报头、标题、正文和报尾 4 个部分，有些还由编者配加按语，成为 5 个组成部分。简报一般都有固定的报头，包括名称、期号、编发单位、发行日期和编号。

（1）简报名称：印在简报第一页上方的正中处，为醒目起见，字号宜大，尽可能用套红印刷。

（2）期号：位置在简报名称的正下方，一般按年度依次排列期号，有的还可以标出累计的总期号。属于"增刊"的期号要单独编排，不能与"正刊"期号混编。

（3）编发单位：应标明全称，位置在期号的左下方。

（4）发行日期：以领导签发日期为准，应标明具体的年、月、日，位置在期号的右下方。

（5）编号：位于报头右上方，一般简报不用编号。

（四）参考图例（见图 4-1-1）

图 4-1-1　7S 简报参考图例

六、7S 封面人物

（一）定义

7S 封面人物是参照《封面人物》这一文学原创专题，结合"人物介绍、最新作品、梦想成真、封面人物"等形式在这个平台上将 7S 精英展示出来。这是属于 7S 精英的舞台！在这个舞台上，7S 精英成功地展示了自己，由此获得了梦想成真的喜悦。

（二）结构

封面人物包括年度、月份、期数、姓名、照片等内容。

（三）内容

（1）人物简介：姓名、年龄、部门、岗位、特长等。
（2）主要成就：在 7S 推进工作中取得的突出成果。
（3）重要事迹：工作上鲜为人知的事迹或 7S 相关的事迹内容。
（4）家人评价：在家人心中他是怎样的一个人？
（5）同事及领导点评：在同事及领导心中他是怎样的一个人？

（四）表现形式

与微信公众号、内部刊物、手机 App 等相结合。

（五）封面人物评选活动规划

（1）活动时间：根据实际情况确定。
（2）活动地点：多媒体教室。

（3）参与对象：全体员工。
（4）报名方式：班组或部门推荐，也可毛遂自荐。

七、茶话会

茶话会，顾名思义，是饮茶谈话之会。它是由茶会和茶宴演变而来的。茶话会也是近代以来世界上一种时髦的集会。它既不像古代茶宴、茶会那样隆重和讲究，又不像中国茶道那样要有一套严格的礼仪和规则，而是以清茶或茶点（包括水果、糕点等）招待客人的集会，有时也用于外交场合。

（一）活动主题

7S交流茶话会。

（二）活动目的

为营造健康积极的工作环境，提升员工对7S的认知，相互加深认识了解，培养成员之间互亲互爱，增进感情，加强团队凝聚力。

（三）活动对象

班组或部门。

（四）活动时间

场次视情况确定。

（五）活动地点

公司会议室。

（六）活动准备

（1）材料：场地、多媒体设备调试、纸巾。
（2）食物：茶水、点心、水果。
（3）电子照片、工作人员日常照片集锦或视频缩影。

（七）活动内容

（1）主持人：×××。
（2）全体人员集合，放映PPT、电子照片或视频。
（3）休息、交流讨论、工作期间各种7S所见所闻，提出并解决问题。
（4）领导/主持人小结。
（5）主持人宣布活动结束。
（6）推进办负责将茶话会过程中交流讨论的结果进行总结分析并形成完整的报告呈送给公司7S主管领导。

（八）活动效果

发现问题，解决问题，提高士气，加强团队凝聚力，积极开展相关工作。

八、故事汇

汇集精品故事，分享故事人生，体验百态生活！将听故事的人引入现场，与故事讲述者进行互动，在讲述和评说中有效使用各种影像资料，言之所指，视物即到，并由此呈现出一幅温馨的讲述故事的画面。

（一）活动前期宣传

（1）召开会议，广泛通知，让全公司及时准备。

（2）发动各部门进行宣传。

（3）报名开始前，由文化推广部在人流密集的区域宣传。

（二）活动内容

讲述一段经历，记录一段生活。讲述员工的工作和生活，全方位展现员工精彩或坎坷的工作和生活经历。

（三）活动形式

采用事件性纪实作品，结合讲述人夹叙夹议的形式，以"7S"为主题。主持人以其睿智幽默、理性调侃和通达人情的状态融入现场，为在场人员娓娓道来、穿针引线。

（四）展现形式

定期组织人员到会场观看。

九、7S 大讲堂

（一）活动主题

7S 大讲堂。

（二）活动目的

培养人才，提高认知，加强团队凝聚力，积极开展相关工作。

（三）活动前期宣传

（1）召开会议，广泛通知，让全公司及时准备。

（2）发动各部门进行宣传。

（3）在报名开始前，由宣传部门在人流密集的区域宣传。

（四）活动安排

（1）组织班组成员对 7S 进行学习交流。

（2）以班组为单位，每位成员必须轮流上台讲解对 7S 的认知。

（3）每个班组必须推荐一名最优秀讲解者到部门参加"7S 大讲堂"。

（4）部门推荐 2~3 名成员到公司参加"7S 大讲堂"。

（5）由公司选出 5~10 名优秀演讲者在全公司"7S 大讲堂"进行轮流演讲。

（五）评选具体流程

（1）主持人介绍出席评委及嘉宾，宣布比赛要求和评分细则并宣布比赛正式开始。

（2）参赛选手按抽签顺序上台演讲。

（3）主持人宣布选手得分（前三名选手的得分在第四名选手演讲完后宣布，之后每名选手的得分在后一名选手演讲完后由主持人宣布）。

（4）嘉宾点评（其间有工作人员计算成绩并进行排名，得出比赛结果）。

（5）主持人宣布获奖名单，由领导点评并颁奖。

（6）获奖选手和与会领导合影留念。

十、小喇叭

（一）简介

主要的广播内容是 7S 故事、7S 顺口溜、7S 五言绝句、7S 头条等节目。

（二）活动主题

小喇叭。

（三）活动目的

充分地利用现在流行的传播手段，对 7S 相关的人和事进行宣传造势。

（四）活动前期宣传

（1）召开会议，广泛通知，让全公司及时准备。
（2）发动各部门进行宣传。
（3）由宣传部在人流密集的区域宣传。

（五）活动内容

（1）"身边的放大镜"：我们身边发生的好人好事，针对不良的现象和行为进行曝光，可以指明部门和姓名，要求真实。
（2）"故事长廊"：倾听最动人的 7S 故事。
（3）"7S 健康生活快车"：在那里你将了解到一些生活中的常识、窍门、安全知识、健康知识、防范措施、生活自救方法和奇闻趣事。

（4）"世界真奇妙"：搜集世界万象，为大家介绍各方面的知识，可以增长知识、开阔视野，希望它能给你的工作和生活带来帮助。

（六）活动载体

通过公司的 OA 系统、内部网络、微信公众号、内部刊物等载体呈现。

第二节 现场活动

一、7S 阵地战

（一）7S 阵地战定义

军队依托阵地进行防御或对据守阵地之敌实施进攻的作战形式，其主要特点是作战线相对稳定，准备充分，各种保障比较严密。7S 阵地战由此演变而来。

（二）活动目的

通过新颖别致的方法和形式，激发员工现场 7S 推行工作的热情。

（三）名称/机构设立

设立"作战指挥室""作战军事地图""作战计划""军事战报""军事沙盘""军事情报员""参谋长""总指挥""军令状""敢死队"。

（1）"作战指挥室"：一间专用办公室或者推进办办公室直接作为 7S 阵地战的"指挥室"。

（2）"作战军事地图"：将 7S 区域分布图或全厂的区域分布图命名为"军事地图"。

（3）"作战计划"：全公司 7S 推进大计划称为"作战计划"。

（4）"军事战报"：每个月的检查考评记录作为"军事战报"。

（5）"军事沙盘"：用简单的模型制作一个"作战军事沙盘"，并标上区域名称。

（6）"军事情报员"：推进办成员纳入"情报员"，充当战场与指挥部间的信息纽带。

（7）"参谋长"：推进办主任或是负责人称为"参谋长"。

（8）"总指挥"：公司直接负责7S的主管领导称为"总指挥"。

（9）"军令状"：以部门、班组、区域等形式设立"军令状"。

（10）"敢死队"：当班组、部门或是区域出现重大难题时，就抽调各部精英成立"敢死队"进行攻坚。

（四）活动安排

（1）"指挥部"统一制订"作战计划"，统一部署安排。

（2）"军事情报员"到各阵地进行实地情报搜集。

（3）立下"军令状"，并成立"敢死队"。

（4）对"敢死队"取得的战果实施论功行赏。

（5）对7S责任区域阵地发起"冲锋"。

（6）对重点难点区域"阵地"，集中优势兵力实施"围点打援"。

（7）在取得阶段性战果之后，一鼓作气发起"总攻"。

（8）在取得7S全面性胜利后，犒赏全军，并进行"7S战后常态化维持建设"。

（9）7S成果无法长效维持导致"阵地"丢失的，直接负责人送交总部"军法处置"；罚直接负责人及属下管理人员每天"列队行军5公里"，直到夺回阵地，如图4-2-1所示。

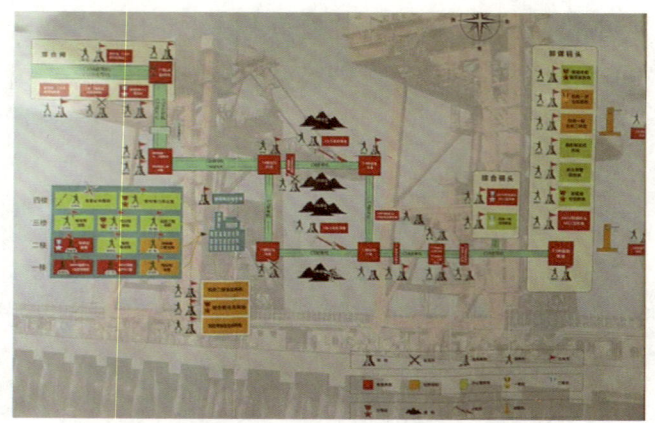

图 4-2-1　阵地战活动安排

二、"地雷战"

（一）定义

根据不同的敌情、地形、时机和敌人行动规律，灵活巧妙地使地雷"活"起来，是地雷战的基本经验。本活动中的"地雷"是指设备的跑、冒、滴、漏和一些不稳定、不安全的因素等。

（二）活动目的

通过"地雷战"中"排雷"这种独特的方式，激发员工的好奇心，提高现场 7S 推行工作的热情。

（三）活动安排

（1）各区域组织"工兵"对所管辖区域内设备的跑、冒、滴、漏、脏、乱、差和一些不稳定、不安全的因素进行彻底的摸排，形成最新情报上报"作战指挥室"。

（2）"作战指挥室"根据各"战区"情报制订详细作战计划，并通知各"战区"负责人到"作战指挥室"对"作战计划"进行部署。

（3）各"战区"负责人根据自身实际情况签订"军令状"。

（4）"战后"成果验收汇报中，对表现突出、战果丰硕的进行嘉奖，对战果不佳或未能完成作战部署的进行惩罚。

三、"麻雀战"

（一）定义

由"民兵"组成战斗小组，忽来忽去，忽聚忽散，主动灵活。7S 活动的"麻雀战"，全员全方位无死角展开地毯式搜索，每个角落、每个细节都不放过。

（二）活动目的

通过"麻雀战"这种独特的方式，满足人的猎奇心，让现场的 7S 推进保持新鲜度。

（三）活动安排

（1）根据现场情况组织人员对所辖区域全面性地进行摸排，每个细节都不能放过。

（2）对摸排的结果进行汇总分类，制订出有针对性的实施方案。

（3）召集区域负责人讨论确定实施方案，并签下"军令状"。

（4）"战后"成果验收汇报，对战果卓越的进行表彰奖励，对作战不佳、贻误战机的进行惩罚并通报批评。

四、"来找碴儿"

（一）定义

顾名思义，就是大家一起来帮忙找出问题点。

（二）活动目的

长期在所处的环境里，人都会产生麻木感，很难发现习以为常的问题，须请局外人一起来帮忙找出问题并加以改正。

（三）活动宗旨

找出现场的缺点，有则改之，无则加勉，与7S共同成长。

（四）活动对象

所有部门。

（五）活动安排

（1）活动平台：创建"来找碴儿微信群"，发布每次活动的内容及结果，供学习讨论。

（2）活动的周期：可以每周一次、每两周一次或根据实际情况自行决定。

（3）由7S推进办组织安排活动。

（4）以部门为单位成立小组参与活动，并选出一名组长组织安排本组活动。

（5）以抽签的形式决定本次"来找碴儿"活动的对象，确保公平公正。

（六）活动细则

（1）"来找碴儿"的人员在发现问题后要与问题责任人进行沟通，确认问题后再拍照。

（2）将"找碴儿"发现的问题照片发到微信群，并附上合理化的建议。

（3）在初期阶段，每人每次活动必须发现 5 个问题才算合格。

（4）推进办每次活动结束时要对发现的问题进行统计归类，一方面给责任部门整改落实，另一方面作为今后奖励的依据。

（5）责任部门在收到"找碴儿"问题统计结果后，相应给出整改完成的时间并按时完成整改，否则进行处罚。

（七）奖励设置

以月或季度为单位，对于在活动中发现问题并给出合理化建议最多的参与者，给予奖金奖励。

五、积分葡萄卡（见图 4-2-2）

（一）目的

为完善激励机制，对所有人员进行行为考核，以每天计分制真实反映出每位员工的工作状况，每个月度体现员工个人真实业绩，让所有员工知道自己的作业缺失并及时改正，使部门各项工作得以顺利开展，弘扬班组正气，培养良好氛围，形成公司良好的风气。

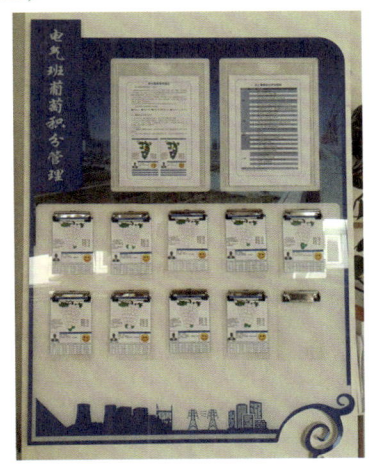

图 4-2-2　葡萄图应用案例

（二）葡萄卡的构成

葡萄卡由基本信息栏和一串合计 31 个"葡萄"构成，每个"葡萄"代表着员工工作的每一天。

（三）葡萄卡及综合计分法的具体实施内容

1. 考核内容

7S 工作开展、工作责任感、工作品质、工作效率、团队合作、工作技能、学习创新、行为规范等各个方面。

2. 考核人员

直接上级和上级主管。

3. 考核方法

（1）每名员工每个月一张葡萄卡，每名员工每个出勤日赋予基础分 100 分作为综合计分，每天根据员工的实际表现，对积极的、正面的良好表现给予加分，对消极的、负面的不良表现给予减分，具体按照"7S 评分标准"执行考评。

（2）由直属主管将当日的考评表现及加减分数记录到"每日评价计分表"上，责任人需要对当日的行为评价进行确认，如无良好或负面不良表现，则计分表上注明当天表现正常。

（3）主管每天根据规定的评价确定当天该员工的总分，该总分按等级来区分"葡萄"的颜色，每个"葡萄"可有 3 种颜色，均表现每个员工的 3 种形式。所有员工的葡萄卡均在现场公开公布，据此评价员工工作作为月度业绩评价和阶段性评优的依据。

（四）综合计分法的实施

直属主管每天对员工按照"7S 评分标准"进行考评的同时，将其良好的或不良的具体表现记录到葡萄卡内，并公示当日的加减分数，作为月度员工个人综合计分法的数据依据。参加考评的员工每天的行为考核评分现场公示，用于月度的员工综合计分评估。

（五）月底工作表现的评估

月底由各部门主管依据员工当月的葡萄卡总体评价来确定员工当月总分，月底总分由员工每日"葡萄"颜色的计分构成（见表4-2-1），葡萄卡管理及综合计分法考评实施的第一期仅作为以后考核月度优秀评比和年度优秀评比的依据，暂不做出奖罚规定。

表 4-2-1　积分葡萄卡

日期	工作优异或恶劣表现简述	加/扣分	累计总分	日期	工作优异或恶劣表现简述	加/扣分	累计总分
1				17			
2				18			
3				19			
4				20			
5				21			
6				22			
7				23			
8				24			
9				25			
10				26			
11				27			
12				28			
13				29			
14				30			
15				31			
16							

姓名：_____　班别：_____　岗位：_____　本月积分：_____

葡萄卡说明：

1. ○白葡萄表示正常无加分减分；●蓝葡萄代表加分；●红葡萄表示扣分。

2. 考核依据：7S 评分标准。

3. 葡萄卡由考核负责人执行/填写，每日对其工作表现用红、蓝颜色进行填充，并简明扼要写明原因。

考核人/日期：　　　　　　　部门负责人/日期：

六、技术"大比武"

（一）活动目的

提升员工 7S 技术技能水平、在创新发展中充分发挥技术工的主力军作用。

（二）活动对象

全体员工均可报名。

（三）"比武"方式

"比武"方式由理论知识竞赛和技能操作竞赛两部分组成，所有参赛选手必须参加两部分的所有项目。

理论知识竞赛试卷总分 100 分，以闭卷方式进行，考试时间为 60 分钟。

技能操作竞赛实行 100 分制，考试时间为 45 分钟，由评委会领导现场评判打分，并当场公布评分结果。

（四）比武规则

1. 理论知识竞赛规则

（1）理论考试选手凭报名表在开考前 10 分钟进入考场，迟到 10 分钟者不准进入考场，考试开始 30 分钟后方可交卷退场。

（2）理论考试采取闭卷笔试，不得携带与考试有关的资料。

（3）参赛选手拿到试卷后，应在规定位置填写好所在单位、姓名、竞赛工种等信息，不准在卷面上做任何标记。

（4）参赛选手应自觉遵守考试纪律，保持考场安静。选手要独立答卷，不准偷看他人试卷，不准交换试卷或传递纸条，一经发现取消其资格。

2. 技能操作竞赛规则

（1）参赛选手凭报名表，经裁判员检查确认后方可进入竞赛场地。

（2）选手只准携带规定的竞赛工具、用具，其他工具、用具不准带入竞赛场地。

（3）选手要自觉遵守赛场纪律，服从工作人员和裁判员指挥，按时进入考场，迟到10分钟者取消该项目竞赛资格。中途退场要经评委许可，非临场选手应在指定地点候考，不准进入赛场。

（4）规定时间结束，选手应立即停止操作，将竞赛使用的工具按规定放好后离开竞赛场地。

（5）参加技术"比武"的选手必须遵守竞赛规则，做到严肃认真、公平竞争，不弄虚作假，不营私舞弊。

（五）评委会

由公司领导、专业技术骨干、外聘评委等组成评委会。

（六）"比武"地点

理论考试地点：会议室。 实际操作地点：室外大型场地。

（七）奖项设置

根据理论与实际操作得分排名（按理论考试和实际操作 3∶7 的权重进行加权换算后得出总分），每个比赛项目设一等奖 1 名，二等奖 2 名，优秀奖若干名。

对获得一等奖的选手，公司授予"技术能手"称号，并给予现金奖励；对获得二等奖的选手，给予现金奖励；对获得优秀奖的选手，给予纪念品奖励。

七、跳蚤市场

（一）活动目的

有效利用现有资源，良性循环，物尽其用，以物易物，低碳环保。

（二）物品类别

各部门闲置的、有使用价值的物品（不涉及公司固定资产）。

（三）活动时间

××月××日。

（四）活动地点

大型操场或空地。

（五）参与人员

企业全员。

（六）活动交易形式

置换。

（七）前期宣传工作

（1）制作主题横幅进行宣传。

（2）张贴宣传海报，分别张贴在宿舍、行政楼和食堂。海报内容涉及活动目的、交易形式、举办时间和地点。

（3）设现场报名登记点（提前一个星期做）。登记表单项目包括姓名、部门、工号、电话、备注。

（八）跳蚤市场的规章制度

（1）本次活动仅限本公司全体员工参与。

（2）本次活动交易物品为各部门闲置的办公用品、生产工具、电子设备。

（九）活动流程

（1）工作人员到公司选取场地。

（2）员工进场进行交易并做好置换的详细记录，工作人员维持秩序。

（3）收尾工作（打扫广场、清场、做双方回执调查及反馈意见，以便今后工作的开展）。

八、一站到底

（一）活动名称

"一站到底"比赛。

（二）活动目的

结合当下 7S 和时事热点，综合各方面基础知识，迎合员工兴趣爱好，通过知识竞赛的形式提高员工的综合素质，使员工对于基础常识有更加深刻的了解，拓展员工的知识面。

（三）活动地点

企业大型会议室或礼堂。

（四）活动对象及报名方式

（1）企业全体员工。
（2）报名方式：以部门为单位提交报名表、微信报名。

（五）比赛形式

每次比赛分三轮进行，以知识竞答为主，结合趣味运动、车轮赛。

（1）预赛：参赛者现场抢答，分数前 6 名进入复赛。
（2）复赛：选手分 3 组进行趣味应答，获胜组进行决赛。
（3）决赛：选手两两 PK，一轮后获胜选手进行车轮战（依次答题，答不出者淘汰），直至留下一人为"终极站神"。

特色环节如下。

◆复赛中选手在"你演我猜""挤气球"游戏中进行抢答。
◆观众奖和观众答题互动抽奖。
◆决出"终极站神"后，随机选择一位观众的问题，若"站神"回答错误，提问观众获得礼品。

（六）具体流程

1. 复赛

（1）主题："奔跑吧！7S"。

（2）赛制：9名晋级者抽签分成3组，每组共同完成任务。得分最高组进入决赛。

比赛分3个环节。

环节一：三组抢答。

共10个问题，每题限时1分钟抢答，答对1题获10分。

环节二："你演我猜"。

每组回答3个问题，每组两个人正对屏幕表演答案，一个人背对屏幕猜答案，每题限时5分钟，答对1题获10分。

环节三："挤气球"。

每组分发一袋气球，每组自行分工，一人吹气球，两人挤爆气球，挤爆1个气球得10分，限时10分钟。

（3）注意：选择好计时人员，到点报时间。每组两，名记分人员，工作人员不得作弊。主持人注意把控好场面，适当引入幽默。

2. 决赛

（1）主题：终极PK。

（2）赛制：进入决赛的3名选手进行车轮战，由抽签决定顺序。两两轮流作答10题，每个人有一次现场求助机会，决出前三名。

（3）注意：现场音乐应紧张急迫。

（七）奖项设置

（1）"终极站神"：1名。

（2）第二名：1名。

（3）第三名：1 名。

（4）幸运观众奖：待定。

（八）具体宣传方案

（1）目的：通过进行大规模的赛前宣传，使得员工了解比赛的时间、地点、内容及具体参与方式，吸引员工的注意力，宣布比赛的临近。

（2）宣传时间：比赛一周前开始。

（3）海报、展板、横幅内容：多张主题海报贴在各点宣传栏，企业内张挂宣传横幅。

（4）"一站到底"专属照片——"我和比赛留个影"（本次宣传亮点）。

（5）内容：赠送每一个报名选手一张其参加比赛的照片，照片以本次比赛的主题和口号为背景，并在宣传栏公布。

第三节 总结活动

一、7S 成果总结表彰大会

（一）活动目的

表彰先进区域和个人是对 7S 项目取得优异成绩的肯定，也是为了进一步总结经验，认识工作的不足，持续推动员工对 7S 工作的认识，提升员工的核心素养，提高员工的工作效率和管理水平。

（二）活动时间

××月××日下午。

（三）活动地点

多功能厅。

（四）活动对象

企业领导、各部门主任、推进办、办公室人员、各创建区负责人、督导师等。

（五）活动准备工作及人员分工

（1）负责整场大会的场地沟通及布置、活动安排、审核工作。

（2）负责整场大会的主持工作，负责大会需要的工具和材料。

（3）负责大会的签到工作。

（4）负责奖牌、证书和奖金的准备。

（5）负责现场座位安排及现场秩序维护工作。

（6）负责发布顺序及礼仪安排工作。

（7）负责表彰大会条幅、大会现场7S展示视频及照相和摄影工作。

（六）发布会流程

（1）主持人开场。

（2）7S推进办作总结报告。

（3）优秀样板区汇报。

（4）宣布评比结果。

（5）为获奖区域授证颁奖。

（6）宣布优秀7S督导师、先进个人、评选结果。

（7）为获奖个人授证颁奖。

（8）获奖代表发表感言。

（9）宣布下一批打造区域清单。

（10）公司领导讲话。

（11）主持人致闭幕词。

（七）活动注意事项

（1）提醒大会期间现场所有人员手机调成震动或静音模式，以免影响表彰会顺利进行。

（2）会场的设备使用要小心谨慎。

（3）提前准备主持稿、获奖名单及颁奖的领导名单。

（4）根据表彰顺序安排好受表彰人员就座，以保证颁奖过程井然有序。

（5）准备投影、音响设备，安排摄影、拍照，准备大会横幅，准备荣誉证书、锦旗、奖金、会场准备及会议通知。

二、现场观摩

（一）活动目的

领导现场观摩是对各部门 7S 项目成果的肯定，也是对部门工作的鼓励，同时各部门间相互交流学习经验，持续推动员工对 7S 工作的认识，提升员工的核心素养，提高员工的工作效率和管理水平。

（二）活动时间

××月××日。

（三）活动线路

会议室集合→办公室区域→生产区域→生活区域。

（四）活动对象

公司领导、各部门主任、推进办成员、督导师、下批推进区域负责人等。

（五）活动准备工作及人员分工

（1）负责活动安排、路线规划。

（2）负责主持工作，负责准备观摩活动需要的无线导游讲解器、材料和观摩路线引导。

（3）负责活动的签到工作。

（4）负责活动录像和摄影工作。

（5）各区安排讲解员，负责区域 7S 工作的讲解说明。

（六）活动流程

（1）主持人宣读观摩要求、线路、注意事项等。

（2）由路线引导人员按指定线路进行引导观摩。

（3）各区域负责人及讲解员在各自区域做好迎接、讲解和记录工作。

（4）观摩结束返回会议室。

（5）公司领导观摩后讲话并作指示。

（6）主持人致闭幕词，宣布观摩结束。

第四节 过程强化活动

一、"21 天"活动

（一）活动说明

"21 天"法则，是通过 21 天的正确重复练习养成一个好习惯的方法。一个习惯的形成一定是一种行为能够持续一段时间，这个时间测算大概是 21 天。当然，"21 天"是一个大致的概念。不同的行为习惯形成的时间也不尽相同，一般需要 30~40 天，总之，时间越长习惯越牢固。

（二）活动目的

员工在活动中经过 21 天的坚持训练，不但熟练掌握工作，而且拥有了坚持 21 天培养一个好习惯的经历，锻炼了员工的耐力和坚持，心性获得成长。

（三）活动对象

全员参与。

（四）活动时间

即日起至第 21 天。

（五）活动安排

员工每天坚持做"下班前 5 分钟 7S"，内容包括工作岗位的卫生清理、工具用品定位放置，清清楚楚交班，明明白白下班。

员工直接主管领导，每天进行监督实施情况，并在"21 天督促表"上进行记录（见表 4-4-1）。

（六）活动要求

每个习惯养成的标准，是在没有人督导的情况下还能自觉完成，这时可以考虑更换一个新的项目进行"21 天"活动。

第四章 7S 推行活动

表 4-4-1 21 天养成习惯督促表

执行人：		监督人：		目标：		月 日 至 月 日
第一阶段：第 1~7 天为改变期						这个阶段你必须不时提醒自己注意改变，并严格要求自己，因为一不留意，坏情绪、坏毛病就会浮出水面，让你回到从前
1	2	3	4	5	6	7
完美的一天，再接再厉		我们的目标开始了	做对的事情，比把事情做对更重要	没有天生的习惯，只有不断培养的习惯	拥有梦想只是一种智力，实现梦想才是一种能力	已经完成目标的 1/3 了
第二阶段：第 8~14 天为改变期						经过一周的刻意改变，但切不可大意。一不留神，坏习惯会再来破坏你，要求自己
8	9	10	11	12	13	14
人之所以能，是相信能	每天告诉自己：我真的很不错	凡事要三思，但三思后更重要的是"行"	已经完成目标的一半啦	明天的希望，会让这段时间更加值得回忆	只要路是对的，就不要怕路远	还剩目标的 1/3 了
第三阶段：第 15~21 天为改变期						会使新习惯成为你生活的一部分。在这个阶段，你已经不必刻意要求自己，它已经像你看手机一样自然了
15	16	17	18	19	20	21
我们成功是因为在欲望可以提升热忱，毅力可夷平高山		你可以选择的"三心"：信心、决心、恒心	只有爬到山顶了，这座山才真正支撑着你	只要还有梦想，就可以实现	胜利就在眼前	终于完成目标

备注：每天完成打"√"，一个好习惯的培养，需要 21 天，请每天坚持！！！

二、随手拍

（一）活动主题

7S 除陋习、讲安全、讲文明。

（二）活动时间

每月进行。

（三）活动方式

手机随拍上传。

（四）活动目的

强化员工的 7S 意识，提高全员的文明素养，共建美好和谐环境。对一些 7S 工作不到位、不彻底的情况，不仅需要各部门加强管理，还需要大家监督、全员参与，这样才会有更好的效果。对活动过程中发现和曝光的不文明行为，我们将通知责任部门，并在企业内部进行曝光。

（五）活动对象

（1）纪律方面：严重违反厂纪厂规等行为。

（2）环境方面：卫生死角，脏、乱、差的区域。

（3）安全文明生产方面：不按规定着装、违规/违章操作、设备跑、冒、滴、漏及带"病"运行等。

（4）公共秩序方面：用餐、办事不自觉排队，践踏草坪、攀折花木，侵占或损坏公物等。

（六）参加办法

（1）员工可把拍摄的不文明图片直接上传到"曝光台微信群"。为了便于联系、沟通，请拍摄者留下自己的联系方式。

（2）作品要求：拍摄图片必须真实，应当能够清晰反映出不文明者的外观及周围的环境、标志性区域、地点等。拍摄图片需要注明拍摄时间及不文明行为等相关信息。

（七）奖励办法

每月评选出一定的优秀作品并给予物质奖励。

三、流动红旗

（一）活动目的

紧密结合企业管理，切实推行 7S 管理，通过评比活动充分调动广大员工的积极性，激发员工的集体荣誉感。

（二）参加范围

公司各部门。

（三）活动时间

从××××年××月开始，以月为单位，持续开展评比活动。

（四）评比标准

按评分表标准进行评比（评分标准见第六章第四节）。

（五）活动形式

每个月定期召集推进委员会成员对各区域进行现场评比评分。

（六）奖罚机制

（1）各部门按照评分表进行评分，当月得分最高者胜出。获胜区域悬挂流动红旗并通报表扬，同时提高当月当班管理人员绩效奖励。

（2）对于当月评比分数低于 80 分的最后一名进行惩罚并悬挂流动黄旗，不得参与年终评比奖励。

（3）年终对获得流动红旗区域进行汇总统计，对前三名颁发荣誉证书及予以现金奖励。第一名奖励××××元，第二名奖励××××元，第三名奖励××××元。

四、月度评分评比

（一）目的

创造清爽、明朗、安全、舒适的工作环境，激发员工团队意识，提升产品质量，降低生产成本，提升企业形象及员工素质，同时保证 7S 工作的有效推进；鼓励先进、鞭策后进，形成全面推进的良好气氛。

（二）适用范围

企业所有区域。

（三）活动时间

每月一次，时间不固定。

（四）活动安排

（1）7S 推进办负责组建成立 7S 领导检查小组，要求企业直接主管领导参加。

（2）规划好检查线路。

（五）活动流程

活动流程包括召开检查前会议、检查评比、成绩汇总、评比表彰会 4 个步骤。

（1）组织召开检查前会议，部署检查相关事项。

（2）检查准备排板夹、相机、月度检查评分表、检查区域负责人清单及联系电话等。

（3）检查结束后由推进办对检查评比结果进行成绩汇总，上报 7S 领导检查小组。

（4）组织召开月度评比表彰会。

（六）检查标准

按照公司"月度检查评分评比标准"进行。

（七）奖罚设置

（1）月检查评比分在 80 分及以上的为合格，第一名颁发荣誉证书并予以现金奖励××元。

（2）对低于 80 分的最后一名"奖励"扫把和抹布一套，并纳入管理人员年终奖金的考核范畴。

（3）对于连续两次获得最后一名的区域或部门，将全厂通报并扣发年终奖励。

第五章 Chapter 5
7S 常用物资使用宝典

物资保障是指 7S 推行过程中物资的筹措、储备、管理、供应的统称。物资保障关系到 7S 推行的进度与质量。本章介绍 7S 推行过程中所涉及常用物资的使用说明与使用范例。

第一节 资料整理

SECTION 1

一、档案盒

应用于资料文件、合约、报告等纸质文件归档整理。

（1）档案盒外形尺寸统一，厚度按放置文件的数量而定。

（2）办公室文件归档使用 PP 塑料档案盒，档案室文件归档使用无酸纸档案盒。档案盒分类与应用区别如表 5-1-1 所示，样式如图 5-1-1 所示。

表 5-1-1　档案盒分类与应用区别

类别	塑料档案盒	普通牛皮纸档案盒	无酸牛皮纸档案盒
材质	聚丙烯	复合牛皮纸	无酸牛皮纸
应用	办公室工作文件	普通需长期保存文件	重要需长期保存文件
注意事项	尺寸统一，文件可根据档案盒颜色分类	存放时可在档案盒周边放些防虫防霉剂，并注意存放环境的湿度	
图示			

图 5-1-1　档案盒样式

二、书籍整理

1. 书立架

应用于手册、宣传册等书籍整理放置，如图 5-1-2 所示。

（1）按书籍从高到低进行排列后于书脊位置进行编号管理，如图 5-1-3 所示。

（2）在书籍对应的柜子或位置以书籍名称首字母归类建立资料索引，索引内容包括名称首字母、书籍名称、编号，如图 5-1-3 所示。

（3）建立书籍借出、归还登记表。

图 5-1-2　书立架样式

图 5-1-3　书立架应用案例

第二节 电源线整理 SECTION 2

一、束线管（包线管）

束线管应用于外露且需要移动的电源线整理，防止小动物咬坏。根据整理线束数量的多少，选择合适型号的束线管，如表 5-2-1 所示。

表 5-2-1　束线管规格参考

直径	电源线数量参考
10mm	可放 6 条鼠标线或者 1 条电源线 +2 条鼠标线
16mm	可放 2 条电源线 +4 条鼠标线
22mm	可放 4 条电源线 +4 条鼠标线
26 ~ 28mm	可放 6 条电源线 +6 条鼠标线
30 ~ 32mm	可放 8 条电源线 +6 条鼠标线
40 ~ 42mm	可放 12 条电源线 +10 条鼠标线

1. 测量方法

①用绳子绕线缆一圈　　②测量出周长，直径 = 周长 /3.14

2. 安装方法

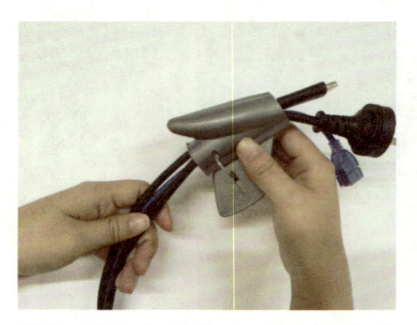

① 把所有电线集中在束线夹内

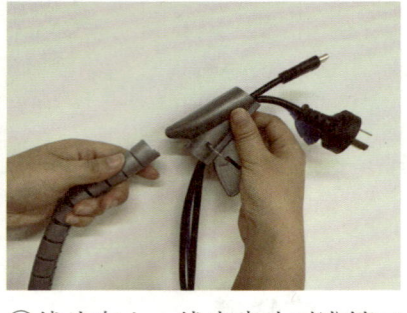

② 线头向上，线夹尖头对准管口

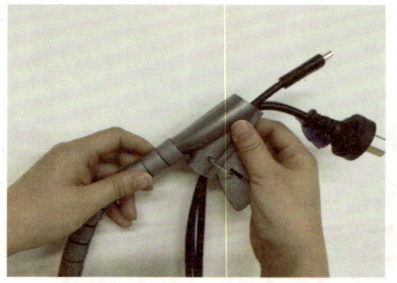

③ 拿着包线夹，然后往下轻压入束线管中

④ 轻轻往下拉动，自动卡入束线管中

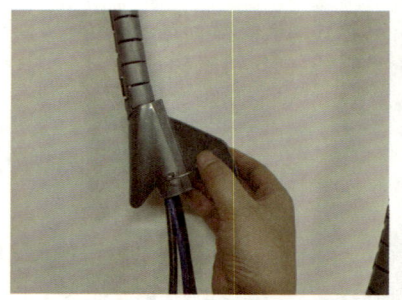

⑤ 继续往下拉，直达所需长度后剪断

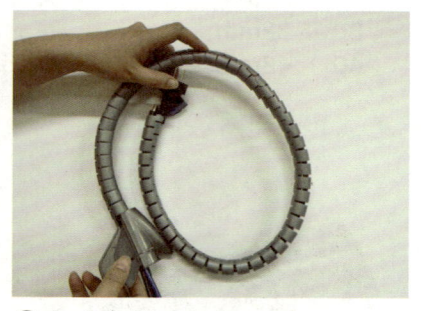

⑥ 完成安装

3. 拆除方法

拆除束线管，只需一手握住电源线，一手握住束线管，两边一起拉动，即可分离，如图5-2-1、图5-2-2、图5-2-3所示。

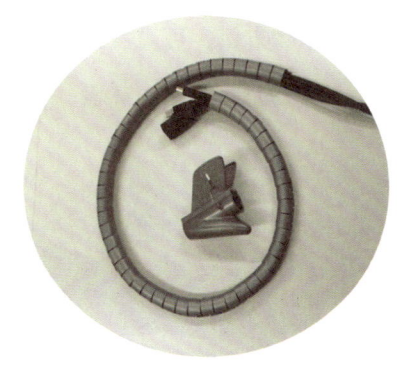

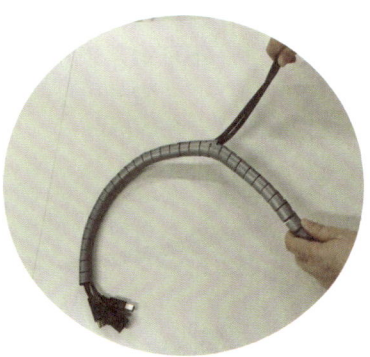

图 5-2-1　束线管使用图示　　图 5-2-2　束线管拆除方法示意图

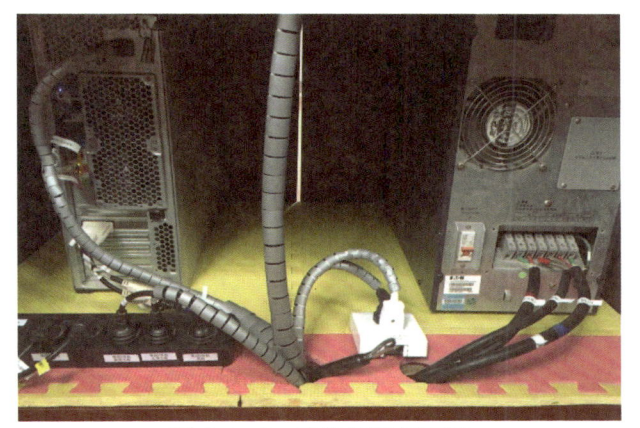

图 5-2-3　束线管使用案例

二、扎带、扎丝

扎带、扎丝使用于需要调整或移动的电源线，如图5-2-4、图5-2-5、图5-2-6所示。

根据使用场景选择扎带或扎丝，两者优缺点如表5-2-2所示。

表 5-2-2　扎带与扎丝优缺点比对表

项	自锁式尼龙扎带	铁芯扎丝
优点	韧性好，耐用	使用方便，价格较为便宜
缺点	拆除需要剪刀剪断，不可重复使用	拆除方便，可重复使用
使用	室外	办公室等室内环境

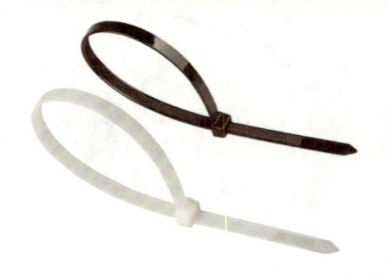

图 5-2-4　自锁式尼龙扎带图示　　　图 5-2-5　铁芯扎丝图示

图 5-2-6　扎线现场案例

三、电源线定位贴

定位贴使用于电源线定位于墙面或桌面上，如图 5-2-7、图 5-2-8 所示。

在贴定位贴前需清除墙面或桌面表面灰尘污渍。

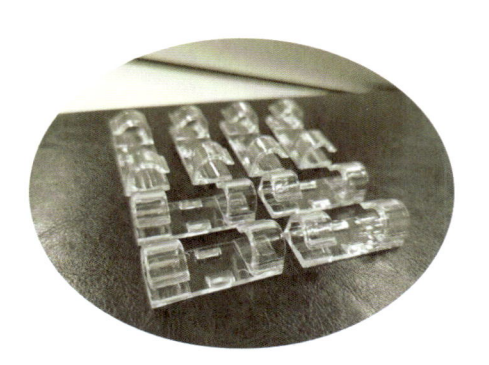

图 5-2-7　电源线定位贴图示

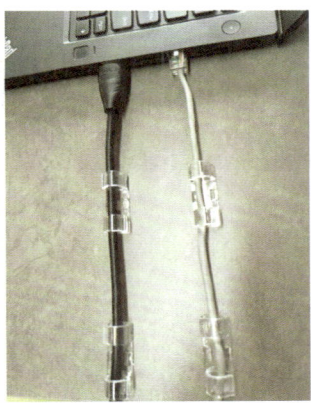

图 5-2-8　电源线定位贴应用案例

四、带背胶线槽

带背胶线槽使用于线缆在地面或墙角走线，如图 5-2-9、5-2-10 所示。

（1）弧形带背胶线槽：适用于地面走线。

（2）方形带背胶线槽：适用于墙角走线。

（3）根据实地测量走线路径长度确定购买线槽数长度，根据线缆多少决定线槽直径。

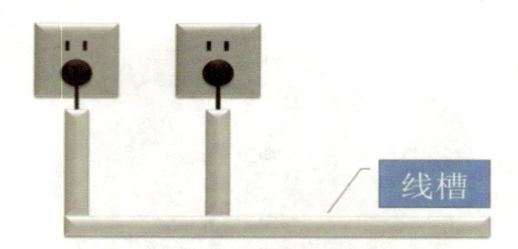

图 5-2-9 线槽图示

图 5-2-10 线槽应用案例

五、收线盒

使用于排插、多余线收纳,防止误碰电源发生意外。

(1)选择拆装方便的收线盒,如图 5-2-11 所示。

(2)大小根据排插和多余线的收纳尺寸而定,如图 5-12-12 所示。

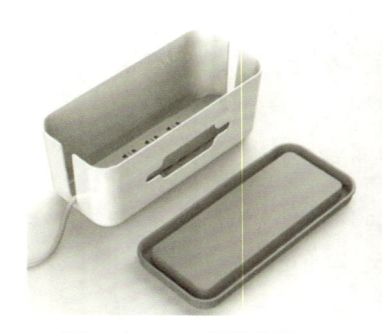

图 5-2-11 收线盒图示　　图 5-2-12 收线盒应用案例

SECTION 3 第三节 物品定位

一、弗龙板

弗龙板使用于检修工具、办公用具等定位，如图5-3-1所示。

（1）使用曲线锯在地垫切割出与定位物品的形状大小一致的定位槽，如图5-3-2所示。

（2）在对应放置位置贴上色带打印标签，如图5-3-3所示。

图 5-3-1　弗龙板图示　　　图 5-3-2　曲线锯图示

图 5-3-3　弗龙板应用案例

二、自由组合隔板

自由组合隔板使用于抽屉物品分隔定位，如图 5-3-4 所示。

（1）辅助配件：固定扣、连接扣。

（2）根据抽屉放置物品种类分隔，一格一物。

（3）隔板高度选择比物品高度低的隔板，方便拿取，如图 5-3-5 所示。

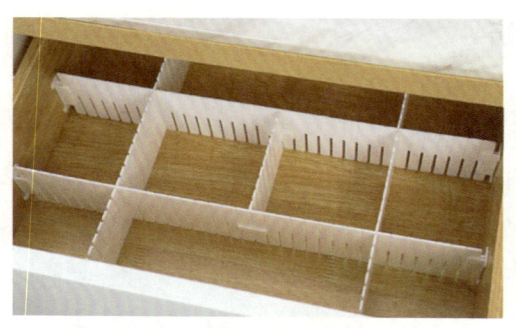

图 5-3-4　抽屉分隔板图示

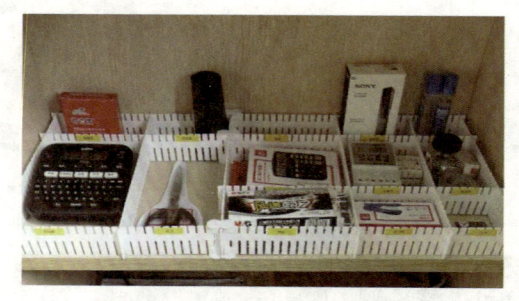

图 5-3-5　抽屉分隔板应用案例

三、桌面物品定位贴

桌面物品定位贴使用于桌面小物品定位，如图 5-3-6 所示。

（1）定位贴材质：PVC 带背胶。

（2）粘贴前将桌面清理干净，干燥后再粘贴，不要残留污渍，如图 5-3-7 所示。

（3）桌面基质与定位贴底色搭配原则，如表 5-3-1 所示。

表 5-3-1　桌面基质色与定位贴底色搭配原则表

桌面基质色	图标颜色（建议）	备注
浅色	底色浅色、图标深色	定位贴图标颜色可根据喜好而定，厂内、公司内统一即可
深色	底色深色、图标浅色	

图 5-3-6　桌面隐形定位贴图示

图 5-3-7　桌面隐形定位贴应用案例

四、柜内物品定位带

柜内物品定位带使用于柜内物品区域划分。

（1）定位带：黄色 10mm 不干胶带，如图 5-3-8 所示。

图 5-3-8　定位胶带图示

（2）粘贴前将表面清理干净，干燥后再粘贴，不要残留污渍，如图 5-3-9 所示。

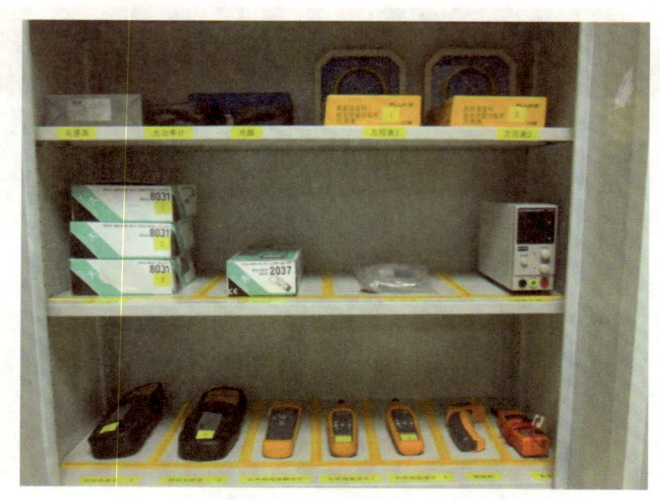

图 5-3-9　定位胶带应用案例

五、地面物品定位地胶带

地面物品定位地胶带使用于地面物品区域划分。

（1）定位带：地胶带（水磨石、油漆、瓷砖等地面代替油漆使用），如图 5-3-10 所示。

（2）颜色如下。

不良品区域、报废品区域、危险品区域——红色。

良品区域——绿色。

物品地面定位线、通道线——黄色，如图 5-3-11 所示。

第五章
7S 常用物资使用宝典 | 219

图 5-3-10　地面定位胶带应用图示

图 5-3-11　地面定位胶带应用案例

第四节 标识制作

SECTION 4

一、标签打印机

标签打印机适用于标签制作，如图 5-4-1 所示。

（1）配套物资：不同宽度与底色的色带（根据所需而准备），排版软件。

（2）可根据所需选择不同宽度、不同底色的色带使用标签打印机进行标签制作，如图 5-4-2 所示。

（3）使用注意事项：在未打印完毕前勿触碰色带，勿触碰切刀，避免出现色带损坏、切刀错误的现象。

（4）标签的字体与大小应统一标准。

（5）标签粘贴时需从下往上撕开保护纸，确保四角无翘起现象，如图 5-4-3 所示。

图 5-4-1　标签打印机图示　　图 5-4-2　标签色带图示

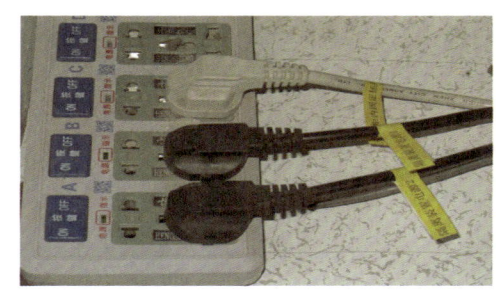

图 5-4-3　标签色带应用案例

二、刻绘机

刻绘机适用于宣传、条幅、看板制作和标识制作。

（1）配套物资：不同颜色的广告纸、刻绘软件、转移膜。

（2）使用方法：在刻绘软件排版所需的字体或图案，选择所需颜色的广告纸进行雕刻，利用转移膜将字体或图案转移到粘贴的位置即可，使用方法如下。

1）清洁粘贴位置表面，去除浮沉、油渍等污渍（须保持表面光滑）。

2）将转移膜贴到所需转移的广告纸上并压紧后揭起转移膜，转移到粘贴位置。

3）用刮板轻轻地刮，让广告纸与黏贴面贴紧后，小心揭去转移膜即可。

刻绘标识应用案例如图 5-4-4 所示。

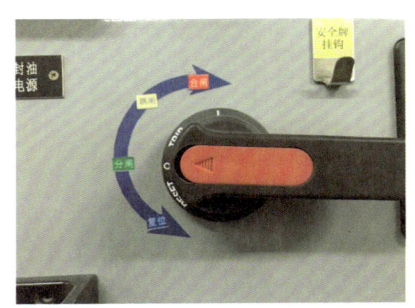

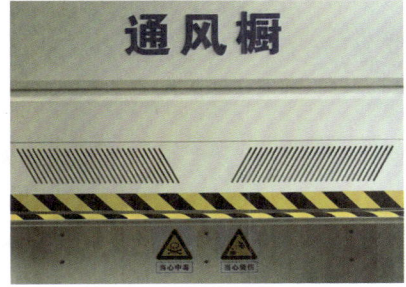

图 5-4-4　刻绘标识应用案例

三、制作标识常用物资（见表 5-4-1）

表 5-4-1　制作标识常用物资

物资名称	要求	用途	图例
硬胶套	A6、A4、A3	放置标识、地点见卡、改善案例展示等	
塑封机	—	卡片、标签等塑封	
塑封膜	—	卡片、标签等塑封	
切纸机	—	标识裁切	
磁性贴	A4	贴标识牌使用	
双面胶	小（宽 1.5cm）	标识粘贴改善使用	

续表

物资名称	要求	用途	图例
木纹胶	小（宽1.5cm）	刷漆定位使用	
透明胶	—	标识粘贴改善使用	
直尺(钢)	30mm、50mm 各1把	标识制作使用	
剪刀	—	标识制作使用	
美工刀	带备用刀片	标识制作使用	

第五节 清除污渍小妙招

在7S管理体系中，清扫是指保持整理、整顿的成果，让现场更加整洁、安全，同时通过设备清扫点检发现隐患问题，及时予以解决，保证设备正常运转和生产正常运行。在清扫的过程中，这里有一些清扫的小妙招，帮助你更快地清扫掉现场的脏物、污渍等。

1. 地面上残留的画线油漆如何清理

用脱漆剂或用一块抹布蘸着汽油均匀擦拭就可以了，因为油漆溶于汽油。但在生产现场操作7S管理清扫时务必要注意安全。

2. 怎样去除车间地面的油污

在拖把上倒一点醋擦，即可去掉地面油污。若水泥地面上的油污很难去除，可在前一天晚上弄点干草木灰，用水调成糊状涂在油污处，第二天再用清水反复冲洗，水泥地面便可焕然一新。

3. 厕所瓷砖长霉点怎么办

厕所里环境潮湿，长时间不清扫，瓷砖的接缝处容易出现霉点。可以在彻底清理一遍卫生间以后，在瓷砖的接缝处涂上蜡，这样会大大减少发霉的可能性。

4. 如何驱除卫生间的异味

将柠檬皮或泡过的干茶叶放在卫生间里，异味很快就会消失。

5. 如何清洗泛黄的马桶

将喝剩的可乐倒入泛黄的马桶中，浸泡 10 分钟左右，污垢一般都能被清除。若马桶污垢仍无法彻底清除，用刷子进一步刷洗会很容易清洗。

6. 怎样去除玻璃上的油污

玻璃油污可用碱性去污粉擦拭，然后再用氢氧化钠或稀氨水溶液涂在玻璃上，半小时后用布擦洗，玻璃就会变得光洁明亮。

7. 如何清除玻璃上的不干胶污迹

在不干胶贴背面涂上风油精（浓一点），片刻洇湿后以干布用力擦即可脱落，不留痕迹。

8. 怎样去除纱窗上的油污

纱窗油污先用笤帚扫去表面的粉尘，再用 15g 清洁精加水 500ml，搅拌均匀后用抹布两面均抹，即可除去油腻。或者在洗衣粉溶液中加少量牛奶，洗出的纱窗会和新的一样。

9. 怎样去掉口香糖污渍

用汽油擦拭口香糖污迹，很快就可以擦去，基本不留痕迹。

10. 怎样消除茶几上的茶渍

招待客人经常在茶几上泡，时间久了会留下难看的片片污迹。可以在桌上洒些水，用香烟盒里的锡箔纸来擦拭，然后用水擦洗，就能把茶渍清扫掉。

11. 高档办公家具用清洁剂擦越来越旧怎么办

用软布放在凉的浓茶水中浸透，用它擦洗桌椅等家具，可使家具光亮如新。

12. 键盘在不拆开的情况下如何清扫

关掉电脑，将键盘从主机上取下。找个清洁物品所需的场地，然后将键盘倒置，拍击键盘，接着用吹风机对准键盘按键上的缝隙吹，吹掉附着在其中的杂物，然后再次将键盘翻转朝下并摇晃拍打。清除完杂质之后，我们需要开始对键盘外部进行清洁，可以使用中性清洁剂或计算机专用清洁剂配合抹布、棉签，来清除键盘上难以清除的污渍。键盘擦洗干净后，不妨再蘸上酒精、消毒液或药用双氧水等进行消毒处理，最后用干布将键盘表面擦干即可。

13. 去除电脑显示器上的污点都应注意哪些

不可使用软布或纸巾擦拭，这样容易划伤液晶屏幕；用水清洁屏幕，极易造成显示器内部设备的短路，而且水迹会残留在屏幕上，难以清除，影响液晶屏幕的效果；用酒精或其他化学溶剂清洁，溶解液晶屏幕的特殊涂层，严重影响观看效果。正确的清洁方法是：用鹿皮或高档的眼镜布轻轻擦拭，除去其上的灰尘。对于液晶屏幕上的指纹和油污，应使用液晶屏幕专用的清洁剂来清洁。使用清洁剂时也应注意，从屏幕中心向外擦拭，直到将屏幕上的清洁剂擦拭干净为止。

清洁污渍除以上物资以外，其他所需物资如表5-5-1所示。

表 5-5-1 清洁污渍其他所需物资

名称	要求	用途	图例
砂纸	粗砂纸（打磨表面粗糙、划痕）；细砂纸（打磨表面毛刺、抛光）	设备、管道、墙面等清洁除锈使用	
钢丝刷		除污去锈使用	
去污膏		顽固污渍使用	
毛巾（抹布）	设备、地板等分类清洁用（颜色区分）	日常维护用，最好不要掉线毛	

第六节 油漆使用指引

一、路面漆

路面漆用于室内外地面和水泥路面画线标志，如图 5-6-1 所示。

（1）材料选用：丙烯酸型或硅酸铝锂型涂料。

（2）施工方法：刷涂。

（3）施工环境：温度低于 5℃，湿度 ≥ 70% 停止施工。

（4）重涂时间：第一遍油漆干透后方可涂装第二遍（干燥时间取决于油漆特性）。

（5）用量预估：$2m^2/kg$。

（6）注意事项：室外施工避免雨雪天、雾天和风沙天。油漆未干时注意防护。

图 5-6-1　路面漆应用案例

二、醇酸磁漆

醇酸磁漆用于室内常温钢结构表面防锈防腐，如图 5-6-2 所示。

（1）材料选用：醇酸铁红防锈漆（底漆）+醇酸磁漆（面漆）+清漆（表面保护漆）。

（2）施工方法：刷涂或喷涂。

（3）施工环境：温度低于 5℃，湿度 ≥ 70% 停止施工。

（4）重涂时间：第一遍油漆干透后方可涂装第二遍（干燥时间取决于油漆特性，油漆层数根据设备防腐要求而定）。

（5）用量预估：$4m^2/kg$。

（6）注意事项：室外施工避免雨雪天、雾天和风沙天。油漆未干时注意防护。

图 5-6-2　醇酸磁漆应用案例

三、刷漆流程

清扫需刷漆场所 → 贴木纹胶带 → 调漆 → 刷漆 → 隔离区域、警示 → 使用前检查

第七节 7S 推行验收评价

一、样板区授牌

用于样板区验收通过的授牌仪式。

（1）牌匾数量根据样板区数量而定。

（2）牌匾内容包括：企业 LOGO，企业名称、"7S 优秀样板区"、企业名称落款、日期、企业公章，如图 5-7-1 所示。

图 5-7-1　样板区牌匾样式

二、硬板文件夹

图 5-7-2　硬板夹图示

现场查找问题时填 7S 改善备忘表；验收评比时，固定评分表便于评委在现场打分及记录。

材质要求有一定的硬度，但重量不宜过重，边缘带有刻度尺，如图 5-7-2、图 5-7-3 所示。

图 5-7-3　硬板夹应用案例

第六章 Chapter 6
7S 管理制度保障

没有规矩，不成方圆。制度是一个组织员工共同遵守的行为规范，保障公司有效运转，是达到公司总目标的可靠保证。7S制度是公司7S推进的基石，确保推进工作能有序、稳定、高效。本章为《7S项目实施办法》《7S管理奖惩制度》《7S督导师管理办法》《7S管理作业区检查评分标准》的内容。

第一节 7S 项目实施办法

一、目的

统一全员开展现场 7S 的思想和行动，倡导和鼓励员工在现场 7S 基础改善活动中，努力创优秀、争先进。

二、适用范围

公司全体员工。

三、实施内容

1. 现场 7S 活动推进方针

现场作业有序化，管理水平现代化，制造流程精益化，员工行为素养化。

2. 现场 7S 活动推行口号

3. 7S 项目推进组织架构图（见图 6-1-1）

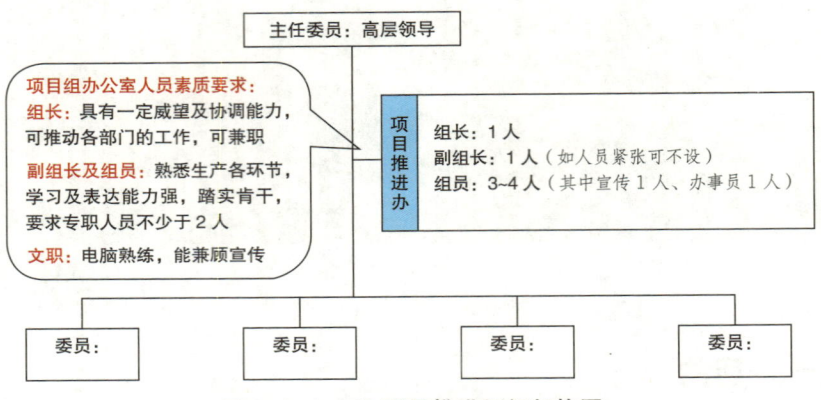

```
                        主任委员：高层领导
                              │
项目组办公室人员素质要求：     ┌──────────┐   组长：1人
组长：具有一定威望及协调能力， │ 项目      │   副组长：1人（如人员紧张可不设）
可推动各部门的工作，可兼职    │ 推进办    │   组员：3~4人（其中宣传1人、办事员1人）
副组长及组员：熟悉生产各环节， └──────────┘
学习及表达能力强，踏实肯干，
要求专职人员不少于2人
文职：电脑熟练，能兼顾宣传
              │          │          │          │
           委员：     委员：      委员：      委员：
```

图 6-1-1　7S 项目推进组织架构图

4. 7S 活动推行组织机构职责规定

（1）推进委员会职责。

1）确定 7S 推行方针和目标。

2）审批 7S 推行计划和方案。

3）审批 7S 推行管理制度。

4）审批 7S 推行预算。

5）为 7S 工作提供物资保障。

6）审批 7S 推行结果。

7）协调、解决 7S 推进过程中的重大问题。

（2）推进办公室职责。

1）编制 7S 推进计划、方案。

2）组织 7S 推进知识、技术培训。

3）配合宣传部门开展 7S 相关宣传。

4）监督 7S 推进质量、进度。

5）组织 7S 评比验收。

6）组织召开 7S 推进过程中的相关会议、活动。

7）协调 7S 推进相关物资保障。

8）编制 7S 推行管理制度及技术标准文件。

四、实施办法

（1）本办法前期加强活动预计施行×个月，（××××年××月—××××年××月）后继续推展和延伸。

（2）为保证7S工作的有效推进，培养团队精神，以部门和班组为单位展开竞赛。

（3）划分各部门之间责任区域。

（4）由各区域划分主管对负责区域推行效果负全责。

（5）为调整各组的差异性，计算出各组的加权系数，必要时，可修正。

（6）每次公布各组的实际成绩，每月总结各项成绩并公布名次。

（7）检查表中的重点、缺点公布于公布栏，各组应依表改进。

五、奖惩规定

1. 样板区的激励方案（见表6-1-1）

表6-1-1　样板区的激励方案

第一名	第二名	第三名	通过验收	未通过验收
5000元	4000元	3000元	2000元	通报批评

样板区成绩代表各部室成绩，各部室推进组组长奖金额占奖金的20%，其他由各部室自行分配。

2. 最终评比的激励

最终评比以区域为单位，分办公和生产两个类别进行评比，对达标及以上单位，予以奖金鼓励，对未通过达标区域处以罚款以作警示和鞭策，核直接和各区域负责人挂钩。

3. 评比奖罚（见表 6-1-2）

表 6-1-2　评比奖罚

责任区人数	第一名	第二名	第三名	倒数一名
10 人及以下	×元	×元	×元	-×元
11~20 人	×元	×元	×元	-×元
20 人以上	×元	×元	×元	-×元

4. 匾牌与奖金颁发

（1）匾牌与奖金由总经理或副总经理颁发；颁发的匾牌必须悬挂于指定位置。

（2）评比成绩均未达到 85 分时，不奖励；成绩均超过 85 分时，不处罚最后一名。

（3）颁发的奖金原则上应作为部门基金，按其贡献大小分配，严禁将奖金平均发放，扣款由部门负责人在相关责任人的工资中扣除，其中部门负责人和具体推进者占总扣款数的 30%。

（4）每次将各区域的实际成绩和名次，以及检查中的重点缺点同时公布于公布栏，促进各区域改进。

5. 单项奖项（见表 6-1-3）

表 6-1-3　单项奖项

序号	奖励名称	奖励对象	数量	奖金
1	最佳组织奖	推行小组	1	×元
2	最佳创意奖	个人	4	×元
3	进步奖	班组	2	×元
4	先进个人	个人	6	×元
5	最佳看板	班组/每月1次	2	×元
6	温馨奖	班组	2	×元
7	优秀督导师	个人	8~10	×元

6. 分数计算方法

（1）各项工作分数比重（见表6-1-4）。

表6-1-4　各项工作分数比重

序号	具体考核内容	考核依据	权重
1	准时参加各种会议	会议记录、出勤率	A=5%
2	准时参加各种培训、评比及考试	培训记录、出勤率	B=5%
3	保质保量完成顾问师及推进办人员布置的各项作业内容	书面版、完成率	C=10%
4	7S考核评比得分	书面版评比得分	D=80%

（2）加权系数：参考第三章"7S推行工具"——"7S验收评比"内容。

（3）计算方法如下。

考核得分=（出勤率×A+出勤率×B+完成率×C）×100+评比得分×加权系数×D

7. 其他激励

（1）推行进度激励。

不能按项目节点完成相关工作，每区域首次处罚××元；连续不能完成进度的，加倍处罚。

对于不配合推行办工作、重复发生不完成整改项目的区域，7S推行办有权进行处罚。

（2）推进事项完成度激励。

对7S推行人员提出的书面整改事项未能按时按质完成的、区域未提出7S整改事项或敷衍的，给予相应处罚（见表6-1-5）。

表 6-1-5　7S 整改事项相应处罚

序号	事项	处罚金额
1	每周区域未自行提出 7S 整改问题	×元
2	每周区域提出 7S 整改问题少于 5 项	每项 ×元
3	区域提出的 7S 问题完成率低于 90%	每项 ×元
4	未完成公司 7S 办公室提出的整改问题项	每项 ×元

六、执行部门

（1）各部门考核得分由 7S 项目推行办公室提交公司绩效考核会。

（2）公司根据实际得分按规定落实奖惩。

七、实施日期

本办法自××××年××月××日开始实施。

八、特别说明

本实施办法由 7S 推行委员会制定，呈送总经理审批后实施，未尽事宜随时修正并公布。

7S 推进委员会
××××年××月××日

第二节 7S 奖惩管理制度

一、总则

（1）为营造 7S 管理良好氛围，形成激励机制，鼓励员工在现场 7S 推进、改善、提升活动中争先创优，特制定本制度。

（2）本制度适于各部门及全体员工。

二、管理内容

1. 活动管理

（1）7S 推进办公室要求参加的迎检、会议、培训、检查、验收、评比等活动，未履行请假手续不参加或迟到的，扣相关部门 × 元 / 次。

（2）7S 创建区域配合部门要按照主体部门要求按时完成工作，未按时间、标准完成配合工作的，视情况严重度考核责任部门 × 元 / 项，若影响 7S 创建区验收通过的，视同执行部门并给予同等额度的考核。

2. 计划管理

（1）每月 25 日前，各部门将月度 7S 工作计划完成情况及下一月度 7S 推进工作安排（包括物资需求计划）上报至 7S 推进办公室，未按时上报或上报内容不符合要求的部门考核 × 元 / 次。

（2）每周五中午12:00前，各部门将周工作计划完成情况及下一周7S推进工作安排（包括物资需求计划）上报至7S推进办公室，未按时上报或上报内容不符合要求的部门考核×元/次。

（3）各部门应严格按照会议纪要的要求和周计划安排落实各项工作。各部门工作计划完成后，应通过推进办公室的检查验收，未通过验收的，视为未完成。如有特殊原因无法完成的应提前与7S推进办公室沟通并经7S推进办公室批准，否则视为未完成。未完成或未验收通过每项工作考核×元，每延期一天累加考核。

3. 创建区评比

根据7S推进难易程度的不同，分为生产现场区域、办公区域、库房（工具间）区域、后勤区域。提前一周申请验收（附件1，须完成现场区域创建、PPT总结、宣传等相关资料）并通过的生产现场区域，除应获奖励外再追加奖励×元，办公区域、库房（工具间）、后勤区域奖励×元。验收未通过考核×元。

（1）创建区因特殊原因不能按时验收需提供过程支撑材料（包括图片、创建方案等），并提前3天提出书面延期申请（附件2）或撤销申请（附件3），并由所在部门、7S推进办公室、7S分管领导签字批准。除土建等客观原因申请延期的创建区在批准延期时间内验收通过，获得奖项金额按50%兑现。经延期仍验收未通过区域在规定时间内继续按要求整改，并增加考核及负责人×元。限期整改后仍未验收通过的加倍考核，直至验收通过，验收通过后不予奖励，并向总经理书面汇报原因及整改措施。

（2）创建区评比以7S例会、培训出勤率、月计划完成率、7S整改问题完成率、现场验收检查为考核指标。创建区评比权重如表6-2-1所示。

表 6-2-1 创建区评比权重

项次	具体考核内容	考核依据	权重
1	参加各种 7S 会议、7S 培训活动	会议记录、出勤率得分	4%
2	宣传工作	宣传评比得分	4%
3	7S 月计划完成率	计划完成项得分	6%
4	整改问题完成率	现场考核得分	6%
5	现场验收检查	检查得分	80%

◆ 每项均按百分制进行打分评比。

（3）得分计算方法：考核得分＝会议、培训出勤得分×4%+宣传评分×4%+计划完成得分×6%+整改问题完成得分×6%+现场检查得分×80%

（4）验收阶段，由 7S 推进办公室牵头，组织各部门具有丰富创建经验的人员及 7S 督导师成立创建区考评小组对创建区域进行评比，原则上采用回避制度（即参评人员不对本部门创建区域进行评比）。

（5）考核按 85 分为合格基准分，一等奖不超过创建区总数的 10% 且分数在 95 分以上，二等奖不超过创建区总数的 15% 且分数在 92 分以上，三等奖不超过创建区总数的 15% 且分数在 88 分以上，85 分以上为鼓励奖（可适当调整），具体奖励标准如表 6-2-2 所示。

表 6-2-2　创建区奖励标准

奖罚	名次	对象	生产现场区域	库房（工具间）区域	办公、后勤区域
			金额（元）		
奖励	一等奖	责任区	×	×	×
		责任部门	×	×	×
	二等奖	责任区	×	×	×
		责任部门	×	×	×
	三等奖	责任区	×	×	×
		责任部门	×	×	×
	鼓励奖	责任区	×	×	×
		责任部门	×	×	×
考核	低于85分	责任区	×	×	×
		责任部门	×	×	×

4. 7S 保持及改善、常态化管理

推进办公室每季度对 7S 保持及改善情况进行抽查，对于日常保持情况较差、滑坡较大的区域，扣责任区域及部门 × 元；发整改通知单限期整改并闭环，逾期未整改加倍考核。

5. 7S 宣传奖惩规定

在 7S 推进过程中，各部门要将有关 7S 活动的稿件和图片及时发至 7S 推进办公室，7S 宣传素材征集内容如表 6-2-3 所示。

表 6-2-3　7S 宣传素材征集内容

序号	内容	报送周期 创建中区域	报送周期 验收后区域	报送数量（下限）
1	稿件	每两周		1 篇
2	图片	每两周	每月	创建过程中每次报送 6 张/区域。其中区域全景前后对比照 1 套，人物特写或工作照片 2 张，其他对比照 1 套。验收后区域每次报送 4 张/区域（每月 25 日前上报至 7S 推进办）

（1）7S 征文奖励标准按照推进办相关通知、规定执行。

（2）登载公司 7S 专刊的文章奖 ×元/篇，图片奖 ×元/张。

（3）整理出版 7S 活动员工文集，文章被录入者每篇 ×元。

（4）录制的视频短片在公司重大活动中播放，奖励 ×元。

（5）对于未按时间完成报送计划的部门，按照每篇（每张）×元的标准考核。

6. 为公司 7S 管理工作做出突出贡献的，奖励 ×元/人，人数为 ×人/年

三、附则

（1）7S 管理过程中的考核由 7S 推进办公室提出，经公司考评委员会批准，并作为各部门和干部年度考核的项目之一。

（2）7S 管理过程中个人及部门获得的各项荣誉作为个人和部门年终评先评优的依据。

附件 1（规范性附件）

7S 提前验收申请单

申请验收区域			
责任部门			
区域负责人		申请验收时间	

提前申请条件：
1. 提前一周填写 7S 提前验收申请并签字
2. 验收完成区域制作 PPT 总结，并及时发至 7S 办公室
3. 每周须上报稿件 1 篇、改善前后对比图片 2 套、活动照片 2 张（人物展现）、样板区前后全景前后对比照一套，区域通过验收后 3 个工作日内上报征文 1 篇

是否满足以上所有条件：

区域负责人：	年 月 日
部门 7S 负责人：	年 月 日
7S 推进办公室：	年 月 日

注：1. 本表签字完成后交至 7S 推进办公室。
　　2. 本表填写完成后直接打印，满足提前申请条件时在是否满足以上所有条件处签"是"，即可申请提前验收。

附件2（规范性附件）

7S区域延期验收申请单

申请延期区域			
责任部门			
区域负责人		延期时间	
延期原因			
部门负责人：	年	月	日
7S推进办公室：	年	月	日
公司7S分管领导：	年	月	日

附件 3（规范性附件）

7S 区域撤销申请单

编号：（7S 推进办负责人填写）

日期		撤销区域	
撤销原因：			
撤销区域责任人：			
区域责任部门意见： 部门 7S 负责人：		年　　月　　日	
7S 推进办意见： 7S 推进办负责人：		年　　月　　日	
7S 分管领导意见： 公司领导：		年　　月　　日	

第三节 7S 督导师管理办法

一、总则

（1）本标准所称 7S 督导师是指接受 7S 管理知识培训取得督导师证书、从事 7S 管理活动的人员。

（2）7S 督导师应服从 7S 推进办公室及相关管理部门的领导，认真督导所辖 7S 区域的改善、提升工作。

（3）7S 推进办公室对 7S 督导师的日常工作实施监督管理。

二、素质要求

（1）有较强的责任心、工作热情和服务意识。

（2）有较强的执行力及沟通协调能力。

（3）有丰富的生产技术和管理经验。

（4）掌握 7S 基础知识和目视化管理、看板管理知识。

三、主要职责

（1）负责所辖 7S 区域推进过程及常态化管理的现场监督与指导工作。

（2）按时参加 7S 推进办公室及相关管理部门组织的各种会议和相关活动。

（3）及时向 7S 推进办公室专责、部门领导反馈 7S 推进情况、区域改善情况，并对区域改善情况进行评价。

（4）评估 7S 管理过程中需要的资源，汇总制订物资需求计划和预算，上报计划并跟踪落实。

（5）负责协调解决区域改善中出现的问题。

（6）负责收集、整理、上报区域的改善创意。

（7）对 7S 创建工作提出考核建议。

四、管理考核

（1）推进期间，7S 督导师应每日至少一次深入现场进行 7S 督导。常态化管理阶段，每周 2~3 次深入现场，进行 7S 督导。

（2）督导师管理实行积分制，基础积分为 10 分 / 年，积分按一年为一周期，每年督导师采用聘任制。年终评比时总积分 12 分以上为合格督导师，按积分排名取前三名为金牌督导师。一周期内积分少于 10 分者，对督导师予以解聘（附件 1）。

（3）根据每批创建区最终评比名次，给予所负责的 7S 督导师相应奖励。7S 督导师所辖创建区域获评比一等奖，督导师奖励 × 元 / 区域；7S 督导师所辖创建区域获评比二等奖，督导师奖励 × 元 / 区域；7S 督导师所辖创建区域获评比三等奖，督导师奖励 × 元 / 区域；7S 督导师所辖创建区域获评比鼓励奖，督导师奖励 × 元 / 区域；7S 督导师所辖创建区域未通过验收，督导师考核 × 元 / 区域。

五、附则

（1）尚未正式取得督导师资格，但经过学习、培训，具备督导师工作能力并已在公司实际工作中履行督导师职责的员工，符合本标准规定要求的，上报 7S 推进办备案后按照本标准执行。

附件 1（规范性附件）

督导师考核标准表

姓名：　　　　时间：　　年　　季度

考核条目	考核说明	每季度自评分	累计评分
1. 督导师对公司 7S 创建工作提出合理化建议，并由 7S 推进办采纳的，加 1 分 / 条			
2. 督导师能总结自身工作经验，整理成经验文章，有利于技能传授的，加 1~2 分 / 篇			
3. 积极参与创建区工作，根据 7S 创建区评比结果给予相应加分（一等奖加 5 分；二等奖加 3 分；三等奖加 2 分；鼓励奖加 1 分）			
4. 督导师应准时参加 7S 推进办及相关部门组织召开的各类 7S 会议，未按时参加的扣 1 分 / 次，无故不参加的扣 2 分 / 次			
5. 督导师应按要求落实所辖区域的 7S 督导工作，对落实及督导不力的 7S 督导师根据情况扣 3~5 分 / 次			
6. 督导师应全面负责所辖区域的固化常态工作，及时督促负责人对区域进行保持、维护。如区域收到限期整改单，则督导师扣 1 分 / 次；逾期未整改，督导师扣 3 分 / 次			
总评分＿＿＿＿＿＿			

注：各督导师每季度自评一次，每季度末月 25 号前上报 7S 推进办进行统计。

第四节 7S 长效检查评比方法

为使7S工作能持续维持并保持提升，制定此检查评比方法，在全公司范围内施行。

1. 检查频度

（1）每周进行1次检查，每月底进行1次评比。

（2）每周检查在周五之前完成，检查人员为7S推进办公室成员。

（3）每月最后一周为大检查，检查人员为，总经理/副总经理、安监部主任、运行部主任，7S推进办成员，检查时间为周五。总经理或副总因出差等原因不能参与时，由7S推进办主任带队检查。

2. 检查方式

（1）每周检查对机关办公室及生产厂房各抽查1/4区域。

（2）检查标准参照附件办公/作业/仓库区域7S检查评分表，可每次有所侧重。

（3）发现各区域有不符合项目时，7S推进专员出具7S整改备忘，一式两份，交该区域第一负责人一份，另一份留存备份。

（4）月末检查时，对之前各周的检查区域再次确认完成情况。

3. 计分方式

（1）每月进行一次评比，具体规则如表 6-4-1 所示。

1）满分 100 分，月末检查每发现一处问题点扣 1 分；对于各周检查发现未完成项目，每项扣 1 分，重复发生 2 次以上问题点，每次扣 1.5 分。对存在的问题点提出整改。

2）考虑部门本月新实施、申报，并经过项目组审批的加分项目，创意每项加 2 分，文章每次加 1 分。

（2）针对安全部门在日常安全检查中提出的问题，也可计入该部门的整改问题点，由安全部门提交给 7S 推进办公室发布各部门，并监督整改。

表 6-4-1　评比具体规则

项目	计算
月底检查成绩满分 100 分	100− 检查扣分 = 该项得分
加分项	推行过程中的创意——每项加 2 分 提交 7S 文章——每篇加 1 分
减分项	安监部门提出的安全隐患问题点，未解决的每项扣 1 分

4. 成绩公布及奖惩方式

对评比结果及时公布，并进行适当考核激励，奖励处罚额度如下。

（1）奖励范围：总分前三名部门及班组。

（2）奖励额度：×××元。

（3）处罚范围：倒数第一名部门及班组。

（4）处罚额度：该部门当月奖金 20%。

评比小组评比结束时填写各区域分数统计表，办公室将统计表电子化，统计奖金，在次日提交总经理批签，在评比后 3 日内提交评比报告，将评比结果在 OA 进行公示。

5. 本制度自 2015-1-1 日开始执行

6. 附件表格

办公区检查评分表

评分日期：　　　　　　　评分委员：

项目	序号	标准内容	扣分			
1.1 地面	1.1.1	办公设备通道畅通明确	1.5			
	1.1.2	地上无垃圾、无杂物，保持清洁	1.5			
	1.1.3	放物有"暂放标识牌"	1.5			
	1.1.4	物品存放于定位区域内	1.5			
	1.1.5	地面无积水	1.5			
	1.1.6	地面的安全隐患处（突出物、地坑等）应有防范或警示措施	1.5			
1.2 垃圾桶	1.2.1	定位摆放，标识明确	1.5			
	1.2.2	本身保持干净，垃圾不超出容器口	1.5			
1.3 盆栽（包括台上摆设的）	1.3.1	盆栽需定位（无须定位线）	1.5			
	1.3.2	盆栽周围干净、美观	1.5			
	1.3.3	盆栽叶子保持干净，无枯死	1.5			
	1.3.4	盆栽容器本身干净	1.5			
2.1 办公桌椅	2.1.1	办公桌定位摆放，隔断整齐	1.5			
	2.1.2	抽屉应分类标识，标识与物品相符	1.5			
	2.1.3	台面保持干净，无灰尘杂物，无规定以外的物品	1.5			
	2.1.4	台面物品按定位摆放（除正在使用外），不拥挤凌乱	1.5			
	2.1.5	人员下班或离开工作岗位10分钟以上，台面物品、办公椅归位	1.5			
	2.1.6	办公抽屉不杂乱，公私物品分类定置	1.5			
	2.1.7	与正进行的工作无关的物品应及时归位	1.5			
	2.1.8	玻璃下压物尽量减少并放整齐，不压日历、电话表以外的资料	1.5			
2.2 茶水间	2.2.1	地面无积水	1.5			
	2.2.2	整洁、卫生	1.5			
	2.2.3	饮水器保持正常状态	1.5			
	2.2.4	水杯、水瓶定位、标识	1.5			

续表

项目	序号	标准内容	扣分			
2.3 其他办公设施	2.3.1	热水器、空调、电脑、复印机、传真机、碎纸机等保持正常状态，有其他异常做出明显标识	1.5			
	2.3.2	保持干净	1.5			
	2.3.3	明确责任人	1.5			
	2.3.4	暖气片及管道上不得放杂物	1.5			
3.1 门窗	3.1.1	门扇、窗户玻璃保持明亮干净	1.5			
	3.1.2	窗帘保持干净	1.5			
	3.1.3	窗台上无杂物	1.5			
	3.1.4	门窗、窗帘无破损	1.5			
	3.1.5	有门牌标识	1.5			
	3.1.6	门窗玻璃无乱张贴现象	1.5			
3.2 墙	3.2.1	保持干净，无脏污、乱画	1.5			
	3.2.2	没有不要物悬挂	1.5			
	3.2.3	电器开关处于安全状态，标识明确	1.5			
	3.2.4	墙身贴挂应保持整齐，表单、通知定位在公告栏内	1.5			
	3.2.5	墙体破损处及时修理	1.5			
	3.2.6	没有蜘蛛网	1.5			
3.3 天花板	3.3.1	破损处及时修复，没有剥落	1.5			
	3.3.2	没有吊挂不要物	1.5			
3.4 公告栏、看板	3.4.1	单位主要部门应有看板（如"人员去向板""管理看板"等）	1.5			
	3.4.2	做好版面设置，标题明确，有责任人	1.5			
	3.4.3	无过期张贴物	1.5			
	3.4.4	员工去向管理板及时填写、擦除	1.5			
	3.4.5	笔刷齐备，处于可使用状态	1.5			
	3.4.6	内容充实，及时更新	1.5			

续表

项目	序号	标准内容	扣分			
4.1 文件资料、文件盒	4.1.1	定位分类放置	1.5			
	4.1.2	按规定标识清楚，明确责任人	1.5			
	4.1.3	夹（盒）内文件定期清理、归档	1.5			
	4.1.4	文件夹（盒）保持干净	1.5			
	4.1.5	文件归入相应文件夹（盒）	1.5			
	4.1.6	单位组长以上管理人员应建立"7S专用"文件夹，保存主要的7S活动资料文件	1.5			
4.2 文件柜（架）	4.2.1	文件柜分类标识清楚，明确责任人	1.5			
	4.2.2	文件柜保持干净，柜顶无积尘、杂物	1.5			
	4.2.3	文件柜里放置整齐	1.5			
	4.2.4	文件柜内物品、资料应分区定位标识清楚	1.5			
5.1 衣服、鞋袜	5.1.1	不穿时存放于私人物品区	1.5			
	5.1.2	服装、鞋袜、洗漱用品放入指定区域	1.5			
5.2 私物	5.2.1	一律摆放于私人物品区	1.5			
6.1 着装标准	6.1.1	按着装规定穿戴服装	1.5			
	6.1.2	工作服、帽、干净无破损	1.5			
6.2 规章制度	6.2.1	没有呆坐、打瞌睡	1.5			
	6.2.2	没有聚集闲谈或大声喧哗	1.5			
	6.2.3	没有吃零食	1.5			
	6.2.4	没有做与工作无关的事项（看报、小说等）	1.5			
	6.2.5	没有擅自串岗、离岗	1.5			
	6.2.6	配合公司7S活动，尊重检查组人员，态度积极主动	1.5			
	6.2.7	单位班组长以上管理人员应建"7S专用"文件夹，保存主要的7S活动资料文件	1.5			
	6.2.8	工作区域的7S责任人划分清楚无不明责任的区域	1.5			

续表

项目	序号	标准内容	扣分			
6.2 规章制度	6.2.9	"7S 区域清扫责任表"和"点检表"要按时、准确填写，不超前、不落后，保证与实际情况相符	1.5			
	6.2.10	单位应制定本单位"7S 员工考核制度"，并切实执行，保存必要之记录	1.5			
	6.2.11	单位应有"7S 宣传栏（或园地）"有专人负责，定期更换，并保存记录	1.5			
	6.2.12	单位经常对职工（含新员工）进行 7S 知识的宣传教育，并有记录	1.5			
	6.2.13	单位建立经常性的晨会制度，车间级每周至少一次，班组每天班前做一次	1.5			
	6.2.14	按《礼貌运动推行办法》教育职工，要求员工待人有礼有节，不说脏话，做文明礼貌人	1.5			
	6.2.15	各单位应制定本单位《职业规范》，教育职工严格遵守	1.5			
	6.2.16	要求单位成员对 7S 活动的口号意义、基本知识有正确认识，能够表述	1.5			
7.1 能源	7.1.1	厉行节约，无长流水，无长明灯等能源浪费	1.5			
8.1 休息室、休息区、会客室、会议室	8.1.1	各种用品保持清洁干净，定位标识	1.5			
	8.1.2	各种用品及时归位，凳子及时归位	1.5			
	8.1.3	饮用品应保证安全卫生	1.5			
	8.1.4	烟灰缸及时倾倒，烟头不乱扔	1.5			
	8.1.5	地面保持干净	1.5			
8.2 洗手间	8.2.1	保持清洁，无大异味，无乱涂画	1.5			
	8.2.2	各种物品应摆放整齐，无杂物	1.5			
8.3 清洁用具	8.3.1	清洁用具定位摆放，标识明确	1.5			
	8.3.2	本身干净，容器内垃圾及时倾倒	1.5			
9. 加减分	9.1.1	同一问题重复出现，重复扣分	2			
	9.1.2	现未实施整理整顿清扫的"7S 实施死角"1 处	10			
	9.1.3	有突出成绩的事项（如创意奖项），视情况加分	+2			

作业区检查评分表

评分日期： 评分委员：

项目	序号	标准内容	扣分			
1.1 地面	1.1.1	地面物品摆放有定位、标识、合理的容器	1.5			
	1.1.2	地面应无污染（积水、油污、油漆等）	1.5			
	1.1.3	地面应无不要物、杂物和卫生死角	1.5			
	1.1.4	地面区域划分合理，区域线、标识清晰无剥落	1.5			
	1.1.5	应保证物品存放于定位区域内、无压线	1.5			
	1.1.6	安全警示区划分清晰，有明显警示标识，悬挂符合规定	1.5			
	1.1.7	地面的安全隐患处（突出物、地坑等）应有防范或警示措施	1.5			
1.2 设备、仪表、仪器、阀门	1.2.1	开关、控制面板标识清晰，控制对象明确	1.5			
	1.2.2	设备仪器保持干净，摆放整齐，无多余物	1.5			
	1.2.3	设备仪器明确责任人员，坚持日常点检，有必要的记录，确保记录清晰、正确	1.5			
	1.2.4	应保证处于正常使用状态，非正常状态应有明显标识	1.5			
	1.2.5	危险部位有警示和防护措施	1.5			
	1.2.6	设备阀门标识明确	1.5			
	1.2.7	仪表表盘干净清晰，有必要的正常范围标识	1.5			
1.3 材料、物料	1.3.1	放置区域合理划分，使用容器合理，标识明确	1.5			
	1.3.2	原材料、半成品、成品应整齐码放于定位区内	1.5			

续表

项目	序号	标准内容	扣分
1.3 材料、物料	1.3.3	不合格品应分类码放于不合格品区,并有明显的标识	1.5
	1.3.4	物料、半成品及产品上无积尘、杂材料	1.5
	1.3.5	零件及物料无散落地面	1.5
1.4 容器、货架	1.4.1	容器、货架等应保持干净,物品分类定位摆放整齐	1.5
	1.4.2	存放标识清楚,标志向外	1.5
	1.4.3	容器、货架本身标识明确,无过期容器及残余标识	1.5
	1.4.4	容器、货架无破损及严重变形	1.5
	1.4.5	危险容器搬运应安全	1.5
1.5 叉车、电瓶车、拖车	1.5.1	定位停放,停放区域划分明确、标识清楚	1.5
	1.5.2	应有部门标识和编号	1.5
	1.5.3	应保持干净及安全使用性	1.5
	1.5.4	应有责任人及日常点检记录	1.5
1.6 工具柜	1.6.1	柜面标识明确,与柜内分类对应	1.5
	1.6.2	柜内工具分类摆放,明确品名、规格、数量	1.5
	1.6.3	有合理的容器和摆放方式	1.5
	1.6.4	各类工具应保持完好、清洁,保证能正常使用	1.5
	1.6.5	各类工具使用后及时归位	1.5
	1.6.6	框顶无杂物,柜身保持清洁	1.5
1.7 工作台凳、梯	1.7.1	上面物品摆放整齐、安全,无不要物和非工作用品	1.5
	1.7.2	保持正常状态并整洁干净	1.5
	1.7.3	非工作状态时按规定位置摆放(归位)	1.5

续表

项目	序号	标准内容	扣分			
1.8 清洁用具、清洁车	1.8.1	定位合理不堆放，标识明确，及时归位	1.5			
	1.8.2	清洁用具本身整洁	1.5			
	1.8.3	垃圾不超出容器口	1.5			
	1.8.4	抹布等应定位，不可直接挂在暖管上	1.5			
1.9 暂存物	1.9.1	不在暂放区的暂放物需有暂放标识	1.5			
	1.9.2	暂放区的暂放物应摆放整齐、干净	1.5			
1.10 呆料	1.10.1	有明确的摆放区域，并予以分隔	1.5			
	1.10.2	应有明显标识	1.5			
	1.10.3	做好防尘及清扫工作，保证干净及原状态	1.5			
1.11 油桶油类	1.11.1	有明确的摆放区域，分类定位，标识明确	1.5			
	1.11.2	按要求摆放整齐，加油器具定位放置，标识明确，防止混用	1.5			
	1.11.3	油桶、油类的存放区应有隔离防污措施	1.5			
1.12 危险品（易燃有毒等）	1.12.1	有明确的摆放区域，分类定位，标识明确	1.5			
	1.12.2	隔离摆放，远离火源，并有专人管理	1.5			
	1.12.3	有明显的警示标识	1.5			
	1.12.4	非使用时存放于指定区域内	1.5			
1.13 通道	1.13.1	通道划分明确，保持通畅，无障碍物，不占道作业	1.5			
	1.13.2	两侧物品不超过通道线	1.5			
	1.13.3	占用通道的工具、物品应及时清理或移走	1.5			
	1.13.4	通道线及标识保持清晰完整	1.5			

续表

项目	序号	标准内容	扣分			
2.1 墙身	2.1.1	墙身、护墙板及时修复，无破损	1.5			
	2.1.2	保持干净，没有剥落及不要物，无蜘蛛网、积尘	1.5			
	2.1.3	贴挂墙身的各种物品应整齐合理，表单通知归入公告栏	1.5			
	2.1.4	墙身保持干净，无不要物（如过期标语、封条等）	1.5			
	2.1.5	主要区域、房间应有标识铭牌或布局图	1.5			
	2.1.6	生产现场应无隔断遮挡、自建房中房等	1.5			
2.2 资料、标示牌	2.2.1	应有固定的摆放位置，标识明确	1.5			
	2.2.2	设备点检作业指导书、记录、标识牌等挂放或摆放整齐、牢固、干净	1.5			
	2.2.3	标牌、资料记录正确，具有可参考性	1.5			
	2.2.4	单位组长以上管理人员应建立"7S专用"文件夹，保存主要的7S活动资料	1.5			
2.3 宣传栏、看板	2.3.1	单位主要班组应有看板（如"班组园地""管理看板"等）	1.5			
	2.3.2	干净并定期更换，无过期公告，明确责任人	1.5			
	2.3.3	版面设计美观、大方，标题明确，内容充实	1.5			
2.4 桌面	2.4.1	现场桌面无杂物、报纸杂志	1.5			
	2.4.2	物品摆放有明确位置、不拥挤凌乱	1.5			
	2.4.3	桌面干净、无明显破损	1.5			
	2.4.4	玻璃下压物尽量减少并放整齐，不压日历、电话表以外的资料	1.5			

续表

项目	序号	标准内容	扣分			
2.5 电器、电线、开关、电灯	2.5.1	开关须有控制对象标识,无安全隐患	1.5			
	2.5.2	保持干净	1.5			
	2.5.3	电线布局合理整齐、无安全隐患(如裸线、上挂物等)	1.5			
	2.5.4	电器检修时需有警示标识	1.5			
2.6 消防器材	2.6.1	摆放位置明显,标识清楚	1.5			
	2.6.2	位置设置合理,有红色警示线,线内无障碍物	1.5			
	2.6.3	状态完好,按要求摆放,干净整齐	1.5			
	2.6.4	有责任人及定期点检	1.5			
2.7 辅助设施	2.7.1	风扇、照明灯、空调等按要求放置,清洁无杂物,无安全隐患	1.5			
	2.7.2	日用电器无人时应关掉,无浪费现象	1.5			
	2.7.3	门窗及玻璃等各种公共设施干净无杂物	1.5			
	2.7.4	废弃设备及电器应处标识状态,及时清理	1.5			
	2.7.5	保持设施完好、干净	1.5			
	2.7.6	暖气片及管道上不得放杂物	1.5			
3.1 着装及劳保用品	3.1.1	劳保用品明确定位,整齐摆放,分类标识	1.5			
	3.1.2	按规定要求穿戴工作服,着装整齐、整洁	1.5			
	3.1.3	按规定穿戴好面罩、安全帽等防护用品	1.5			
	3.1.4	晾衣应有专门区域,合理设置不影响工作及房间美观	1.5			

续表

项目	序号	标准内容	扣分			
3.2 规范制度	3.2.1	工作时间不得睡觉、打瞌睡	1.5			
	3.2.2	无聚集闲谈、吃零食和大声喧哗	1.5			
	3.2.3	不看与工作无关的书籍、报纸、杂志	1.5			
	3.2.4	不乱丢烟头（工作区、厂区）	1.5			
	3.2.5	配合公司7S活动，尊重检查指导人员，态度积极主动	1.5			
	3.2.6	要求单位成员对7S活动的宣传口号、意义、基本知识有正确认识，能够表述	1.5			
	3.2.7	没有擅自串岗、离岗	1.5			
	3.2.8	单位组长以上管理人员应建立"7S专用"文件夹，保存主要的7S活动资料	1.5			
	3.2.9	工作区域的7S责任人划分清楚无不明责任的区域	1.5			
	3.2.10	"7S区域清扫责任表"和"点检表"要按时、准确填写，不超前、不落后，保证与实际情况相符	1.5			
	3.2.11	单位应制定本单位"7S员工考核制度"，并切实执行，保存必要之记录	1.5			
	3.2.12	单位应有"7S宣传栏（或园地）"，有专人负责，定期更换，并保存记录	1.5			
	3.2.13	单位经常对职工（含新员工）进行7S知识的宣传教育，并有记录	1.5			
	3.2.14	单位建立经常性的晨会制度，车间级每周至少一次，班组每天班前进行一次	1.5			

续表

项目	序号	标准内容	扣分			
3.2 规范制度	3.2.15	按《礼貌运动推行办法》教育职工，要求员工接待有礼有节，不说脏话，文明礼貌	1.5			
	3.2.16	各单位应制定本单位《职业规范》，教育职工严格遵守	1.5			
	3.2.17	要求单位成员对7S活动的口号意义、基本知识有正确认识，能够表述	1.5			
3.3 生活用品、私人物品	3.3.1	定位标识，整齐摆放，公私物品分开	1.5			
	3.3.2	水壶、水杯按要求摆放整齐，保持干净	1.5			
	3.3.3	毛巾、洗漱用品、鞋袜等按要求摆放整齐，保持干净	1.5			
4.1 加减分	3.4.1	同一问题重复出现，重复扣分	2			
	3.4.2	发现未实施整理整顿清扫的"7S实施死角区域"1处	10			
	3.4.3	有突出成绩的事项（如创意），视情况加分	+2			

仓库区检查评分表

序号	项目	细目	要求	备注
1	地面	表面	保持清洁，无污垢、碎屑、积水、异味等	
			地面无跌落零件、物料等	
			地面无破损，画线、标识清晰无剥落	
		通道	区画线清晰；无堆放物；保持通畅	
		物品	定位、无杂物之称，摆放整齐无压线	
			堆叠不超高；暂放物有暂放标识	
			分类摆放在定位区内，有明显标识	
			包装箱标识清楚，标志向外；无明显破损及变形	
			周转箱保持干净，呆料及时处理	
			暂时放于指定区域外要按暂放要求操作，并指明责任人	
			合格/不合格品区分明确	
			叠放整齐、稳固、无积尘、无杂物	
			账物一致，物料卡插放整齐	
			零件/物料保管适当（需防潮、防尘的要密封，化学品要避光等）	
			物料存放位置分类合理，易于查找及先入先出（库房）	
			小件零件定量分袋存放，尾数要有区分标识（库房）	
			同一种物料只有一箱/袋尾数，要有区分标识（库房）	
		货架	有架号分类及管理标识，无多余标贴料卡相符	
		推车/叉车	定位放置，标识明确	
			保持清洁，无破损、零配件齐全	
		清洁用品/垃圾	区域专门区域有明显标识，无其他物品；地面干净、无积水	
			按要求整齐排放，保持用品本身干净完好	
			及时清理垃圾桶，拖把拧干	
			分有价垃圾与无价垃圾	

续表

序号	项目	细目	要求	备注
2	墙/天花板	墙面	保持干净，无不要物；贴挂墙身的物品应整齐合理	
		门、窗	玻璃干净、无破损，框架无灰尘	
			无多余张贴物，铭牌标识完好	
		公告栏	有管理责任人，干净并及时更新，无过期张贴物	
		开关、照明	明确控制对象标识，保持完好状态	
			干净无积尘；下班时关闭电源	
		天花板	保持清洁、无蛛网、无剥落	
3	设备/工具	外观及周边环境	保持干净，无卫生死角	
			明确管理责任人，辅助设施/工具定位	
			标识清楚（仪表、阀门、控制面板、按钮等），明确控制对象和正常范围	
		使用/保养/点检	实施日常保养，保持完好状态，无安全隐患，使用完毕及时归位	
			设备点检表及时正确填写	
			设备故障要有故障及禁用标识	
4	工作台/办公桌	桌面	保持干净清爽，无多余垫压物	
			物件定位、摆放整齐，符合摆放要求	
		抽屉	物品分类存放，整齐清洁；公私物品分开放置	
		文件	分类存放，及时归档；文件夹标识清楚，定位明确	
		座椅	及时归位；椅下地面无堆放物	
5	电源插座	电源插座	保持干净、无破损，随时保持可用状态	
6	箱/柜	表面	眼观干净，手摸无积尘；无不要物；明确管理标识	
		内部	资料/物件/工具，按要求分类存放，有分类标识	
			保持清洁，有工具存放清单、合适放置位与容器	
		备品	分类摆放整齐，保证安全存量	
7	危险品	危险品	存放于指定区域，有明显警示标志，保持隔离放置	
			明确管理责任人，保持整齐、干净	

7S 整改备忘表

部门/区域：　　　　　　　　　日期：　　年　月　日

共　页，第　页

序号	问题点及建议改善内容	责任人	完成日期	推进办		
				已安排	实施中	已完成

注：推进办提出建议后复印一份交区域责任人实施，原件存档备查。

推行办：_____　　　　　区域责任人确认：_____

参考文献

[1] 聂云楚. 如何推进 5S [M]. 深圳：海天出版社，2001.

[2] 聂云楚，余弟录，孙亚彬. 6S 实战手册 [M]. 深圳：海天出版社，2004.

[3] 罗仕文，聂云楚，玄熙平. 6S 督导师实用手册 [M]. 深圳：海天出版社，2007.

[4] 中国华电集团公司. 发电企业 7S 管理 [M]. 北京：中国电力出版社，2014.

[5] 中国华电集团公司. 发电企业 7S 管理技术规范与制度汇编 [M]. 北京：中国电力出版社，2016.

鸣谢（排名不分先后） THANK

中国运载火箭技术研究院	恒力集团
中联重科股份有限公司	靖远第二发电有限公司
株洲南车时代电气股份有限公司	东北制药集团股份有限公司
太原钢铁集团有限公司	康佳集团股份有限公司
中国铁路成都局集团有限公司	中国航天科工集团第二研究院
华电国际电力股份有限公司 邹县发电厂	福建华电可门发电有限公司
中国南方电网有限责任公司	华润三九医药股份有限公司
武汉钢铁集团有限公司	美的集团股份有限公司
中国铁路武汉局集团有限公司	航天动力技术研究院
浙江浙能台州第二发电有限责任公司	广东大唐国际雷州发电有限责任公司
江苏金方圆数控机床有限公司	江苏洋河酒厂股份有限公司
唐山东海钢铁集团有限公司	深圳市金百泽电子科技股份有限公司
中国铁路济南局集团有限公司	中国空间技术研究院
陕西清水川能源股份有限公司	福建省鸿山热电有限责任公司
杭州汽轮机股份有限公司	深圳迈瑞生物医疗电子股份有限公司
中国南玻集团股份有限公司	杭州鸿雁电器有限公司
宁波海运股份有限公司	中国兵器装备集团有限公司
天津华能杨柳青热电有限责任公司	陕西渭河发电有限公司
金鹰重型工程机械股份有限公司	深圳海王药业有限公司
耀皮工程玻璃有限公司	伊莱克斯（中国）电器有限公司
深圳市地铁集团有限公司	四川航天技术研究院
宁夏枣泉发电有限责任公司	黄河水利水电开发集团有限公司

扬州电力设备修造厂有限公司	中国工程物理研究院
广东南方东海钢铁有限公司	稳健医疗用品股份有限公司
浙江申苏浙皖高速公路有限公司	惠州则成技术有限公司
汉江水利水电（集团）有限责任公司	上海航天技术研究院
力劲集团	福建棉花滩水电开发有限公司
黑龙江建龙钢铁有限公司	中国储备粮管理集团有限公司
河北省高速公路京秦管理处	深圳市振华微电子有限公司
华电福新周宁抽水蓄能有限公司	中国航天电子技术研究院
扬州锻压机床有限公司	光大环保能源（衢州）有限公司
葛洲坝石门特种水泥有限公司	湖南省储备粮管理有限公司
昆明轨道交通集团有限公司	广西自贸区见炬科技有限公司
广州环保投资集团有限公司	中国航天空气动力技术研究院
上海阀门厂股份有限公司	国能宁夏灵武发电有限公司
福建凯邦锦纶科技有限公司	烟台市喜旺食品有限公司
苏州绕城高速公路有限公司	深圳市飞荣达科技股份有限公司
陕西延长石油富县发电有限公司	中国电子科技集团有限公司
青岛征和工业股份有限公司	内蒙古华电包头发电有限公司
江苏神王集团钢缆有限公司	浙江康恩贝制药股份有限公司
新华制药股份有限公司	东莞深赤湾港务有限公司
淮浙煤电有限责任公司凤台发电分公司	中国电子科技集团公司第四十三研究所
辽宁大族冠华印刷科技股份有限公司	贵州华电桐梓发电有限公司
广东华捷钢管实业有限公司	内蒙古康源药业有限公司
深圳市职工继续教育学院	德邦物流股份有限公司
广东大唐国际肇庆热电有限责任公司	中国人民解放军第6904工厂
中国电子科技集团公司第三十八研究所	马鞍山当涂发电有限公司
亚普汽车部件股份有限公司	株洲千金药业股份有限公司
伊犁新天煤化工有限责任公司	深圳赛格日立公司
中山职业技术学院	华电能源股份有限公司哈尔滨第三发电厂
浙江浙能绍兴滨海热电有限责任公司	重庆博腾制药科技股份有限公司
兰州兰石集团有限公司	上海ABB变压器有限公司

中国石油兰州石化公司	华能上海燃机发电有限责任公司
福建晋江天然气发电有限公司	江苏全稳农牧科技有限公司
长春三鼎变压器有限公司	广州地铁集团有限公司
中国石油天然气集团公司	欧姆龙（大连）有限公司
西安印钞有限公司	内蒙古能源发电投资集团有限公司
湖北西塞山发电有限公司	青岛海佳机械集团有限公司
常熟纺织机械厂有限公司	深圳市宝路华运输（集团）有限公司
特变电工股份有限公司	中国石油化工股份有限公司
广西桂能电力有限责任公司	沈阳造币有限公司
湖北鄂丰模具有限公司	贵州金元黔西发电有限责任公司
霍州市锦兴煤业有限公司	广西梧州制药（集团）股份有限公司
中海福建燃气发电有限公司	广东科龙电器股份有限公司
黄山皖南机床有限公司	贵州乌江水电开发有限责任公司
闽东水电开发有限公司	武汉中粮肉食品有限公司
方圆阀门集团有限公司	贵州构皮滩发电厂
华安水力发电厂	中粮崇左糖业有限公司
江苏群业电工有限公司	福新能源古田溪水力发电厂
云南华电鲁地拉水电有限公司	郑州广汇食品有限公司
广东万丰摩轮有限公司	华电国际宁夏新能源发电有限公司
华电内蒙古开鲁风电有限公司	珠海麒麟统一啤酒有限公司
武汉华中自控技术发展股份有限公司	陕西华电风力发电有限公司
广东海大集团股份有限公司	通威股份有限公司
国桢美洁（安徽）生物质热电有限公司	华电哈密新能源有限公司
山东六和集团有限公司	济南轻骑铃木摩托车有限公司
潍柴动力股份有限公司	中国国际海运集装箱（集团）股份有限公司
广东天然气管网有限公司	三菱电机自动化（中国）有限公司
招商港务（深圳）有限公司	苏州苏嘉杭高速公路有限公司
深圳市陶和数码科技有限公司	浙江浙北高速公路管理有限公司
福建华电邵武能源有限公司	福建福清核电有限公司
中国华电集团有限公司广东分公司	广西桂东电力股份有限公司

浙江浙能嘉华发电有限公司	中国航天推进技术研究院
国能（泉州）热电有限公司	贵州金元茶园发电有限责任公司
昆山格林兰印染有限公司	山东亚太中慧集团有限公司
浙江嘉业印染有限公司	国投晋城能源有限公司
华电莱州发电有限公司	赣浙国华（信丰）发电有限责任公司
陕西能源赵石畔煤电有限公司	淮沪煤电有限公司田集发电厂
国能宁夏鸳鸯湖第一发电有限公司	浙江浙能镇海发电有限责任公司
广东粤电云河发电有限公司	温州燃机发电有限公司
贵州燃气集团股份有限公司	浙江浙能电力股份有限公司萧山发电厂
浙江浙能中煤舟山煤电有限责任公司	浙江浙能温州发电有限公司
贵州北盘江电力股份有限公司光照分公司	浙江浙能兰溪发电有限责任公司
河南佳怡食品有限公司	宁夏中宁发电有限责任公司
临沂矿业集团菏泽煤电有限公司	贵州乌江清水河水电开发有限公司
广西广投桥巩能源发展有限公司	辽宁华电铁岭发电有限公司
广西来宾广投银海铝业有限责任公司	浙江盛唐环保科技有限公司
梧州桂江电力有限公司	福建华电金湖电力有限公司
贺州市桂源水利电业有限公司	广西桂东电力股份有限公司供电分公司

原创自主研发版权课程

序号	版权课程
1	杰出班组长
2	杰出班组长——班组五力管理训练营
3	现场管理与班组建设
4	发电企业《精益管理督导师》实战训练
5	管理 5S/6S/7S
6	5S/6S/7S 督导师实战训练
7	《创造高收益——经营与会计》企业经营沙盘实战
8	《创造高收益——经营人才团队育成》企业沙盘实战

联系方式：010-68487630

王老师：13466691261　　　　刘老师：15300232046
（同微信）　　　　　　　　　　（同微信）

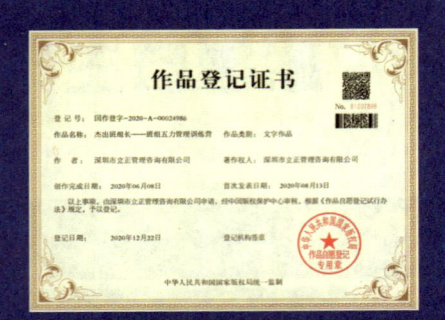

杰出班组长

杰出班组长——班组五力管理训练营

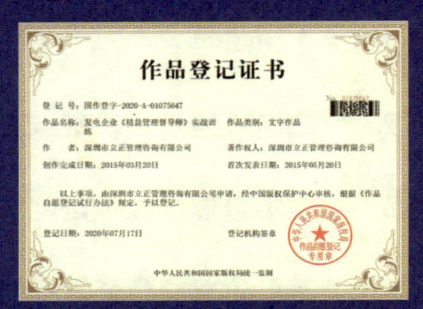

现场管理与班组建设

发电企业《精益管理督导师》实战训练

管理 5S/6S/7S

5S/6S/7S 督导师实战训练

《创造高收益——经营与会计》企业经营沙盘实战

《创造高收益——经营人才团队育成》企业沙盘实战

原创自主研发咨询项目

序号	咨询项目
1	杰出班组长育成记——班组五力管理训练营
2	工厂精益布局规划
3	工厂视觉价值设计
4	精益价值7S
5	发电企业精益管理
6	党建品牌创建

联系方式：010-68487630

王老师：13466691261　　　刘老师：15300232046
（同微信）　　　　　　　　（同微信）

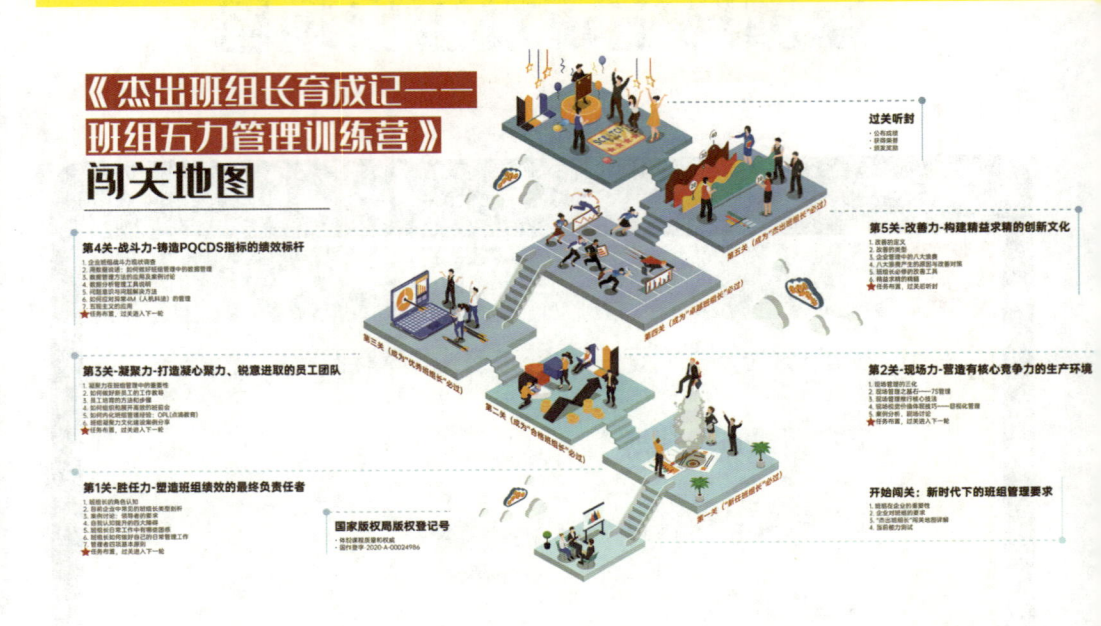

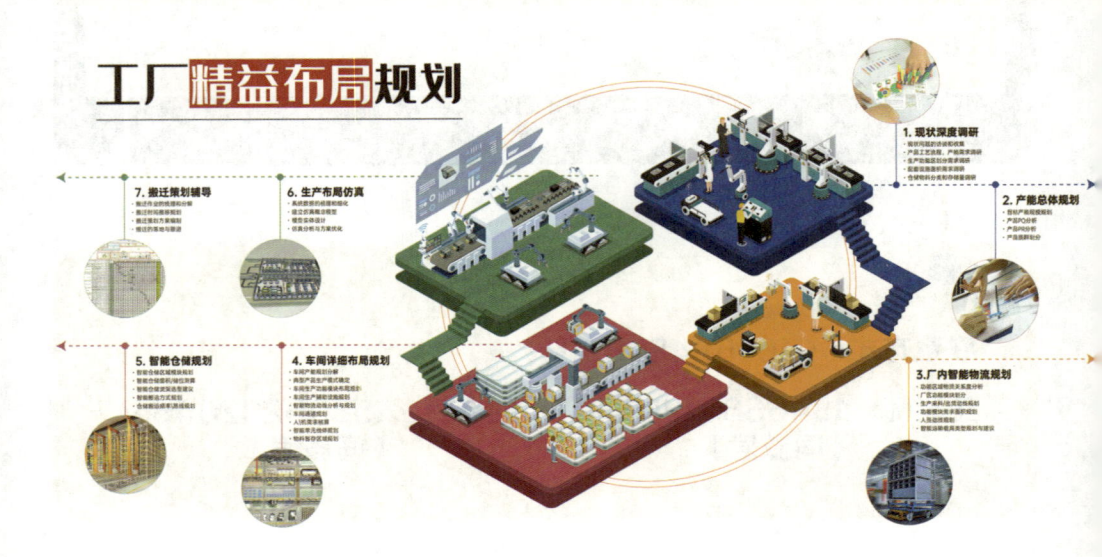

《杰出班组长育成记——班组五力管理训练营》闯关地图

过关听封
- 公布成果
- 评师荣誉
- 颁发奖章

第4关-战斗力-铸造PQCDS指标的绩效标杆
- 企业绩效的认识
- 如何做好班组的绩效管理
- 数据分析管理工具应用
- 如何定向准跟人（人机料法）的管理
- 布阻主义的应用
- 任务布置，过关进入下一关

第5关-改善力-构建精益求精的创新文化
- 改善的认识
- 企业管理中的八大浪费
- 八大浪费中的现场浪费对策
- 班组长必修的改善工具
- 任务布置，过关听封封

第3关-凝聚力-打造凝心聚力、锐意进取的员工团队
- 凝聚力在班组管理中的重要性
- 如何凝聚影响员工的行为素养
- 员工班组的六步动作
- 如何识别和提升员工沟通能力
- 如何向从团队绩效管理
- 班组凝聚力文化成果编成分享
- 任务布置，过关进入下一关

第2关-现场力-营造有核心竞争力的生产环境
- 现场管理的认识
- 现场管理的基石——75管理
- 现场管理推行的七大心法
- 班组现场目视化管理——目视化管理
- 任务布置，过关进入下一关

第1关-胜任力-塑造班组绩效的最终负责任者
- 班组长的角色认知
- 卓越企业中的班组长成长模型
- 合格班组长的胜任特征
- 合格以及强烈的四大修炼
- 胜任以胜任工作中有效做法
- 班组长如何做好自己的计划管理工作
- 管理者标准素养的做养
- 任务布置，过关进入下一关

开始闯关：新时代下的班组管理要求
- 规范职业化的重要性
- 企业对班组的要求
- "杰出班组长"闯关地图详解
- 当各类方案

国家版权局版权登记号
- 软件著作版权证书
- 登记号字 2020-A-00024986

工厂精益布局规划

7. 搬迁策划辅导
- 搬迁作业的搬运分析
- 搬迁分步分解规划
- 搬迁落实与时间计划
- 搬迁的策略与实施

6. 生产布局仿真
- 高效配送的合理布局
- 生产物流通道布局
- 模型实例设计
- 优先分析与方案优化

5. 智能仓储规划
- 智能仓储管理域规划
- 智能仓储策略与规划
- 智能储备方式发展
- 仓储数据收集与储存仓

4. 车间详细布局规划
- 车间生产流程分析
- 典型车间生产分析案例
- 车间生产方式确定
- 车间流程详细规划
- 车间通道规划
- 人机设备布置
- 智能车间设计建设
- 物料备存区规划

1. 现状深度调研
- 现状详尽的调研收集
- 产品工艺流程、产品系列需求确认
- 生产安备及站台信息调研
- 合理规划仓库布局和储存条件

2. 产能总体规划
- 现状产能规划展示
- 产品PQ分析
- 产品P总分析
- 产品规划分析

3. 厂内智能物流规划
- 功能区域物流水系统介绍
- 厂区总通路分析
- 厂区总物流系统规划
- 各功能物流布局规划
- 人流通道规划
- 智能物流高效配送与方案设计

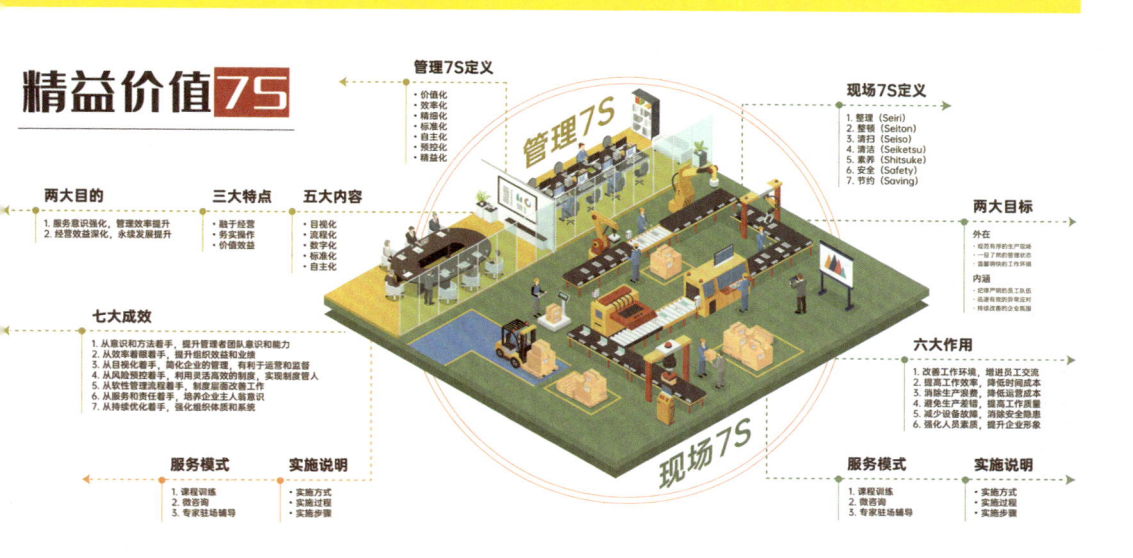

工厂视觉价值设计

企业展厅
- 展厅主题设计
- 相关资料收集与解读
- 展厅功能划分规划
- 展现形式规划
- 展厅视觉设计

室内空间布局规划
- 办公空间调性规划
- 试验室空间布局规划
- 功能空间布局规划
- 会议室/培训室空间布局
- 公共展示区空间布局

环境规划设计
- 环境规划设计
- 园林绿化
- 厂区绿化
- 停车场设计

生产区
- 生产线
- 移植原材料
- 仓库

区域规划
- 主要备品色
- 形象色
- 辅助色
- 特殊色彩系色
- 钢构筑色彩

配色规划

目视化导向标识
- 厂区
- 行政楼
- 生产区

参观通道
- 企业文化解读规划
- 参观路线规划
- 参观点规划
- 参观素养规划
- 参观通道视觉标识

大门规划设计
- 入口大门设计
- 物流门设计

建筑外立面
- 办公楼外立面设计
- 研发楼外立面设计
- 实验楼外立面设计
- 高端楼宇立面设计

标识标牌

行政楼
- 安装看板
- 办公室门牌标识
- 科室牌
- 楼层牌
- 工作台标识
- 责任标识
- 领导接班班标识
- 企业文化标识
- 天才源接班培训标识
- 场地标识
- 企业文化宣传

生产区
- 安全看板
- 质量看板
- 生产信息看板
- 点检运营看板
- 标识牌标识
- 设备标识
- 可视化看板
- 企业文化宣传
- 一体化运维
- 定置线
- 安全要求牌

精益价值 7S

管理7S定义
- 价值化
- 效率化
- 精细化
- 标准化
- 自主化
- 预控化
- 精益化

现场7S定义
1. 整理（Seiri）
2. 整顿（Seiton）
3. 清扫（Seiso）
4. 清洁（Seiketsu）
5. 素养（Shitsuke）
6. 安全（Safety）
7. 节约（Saving）

两大目的
1. 服务意识强化，管理效率提升
2. 经营效益深化，永续发展提升

三大特点
- 融于经营
- 易于操作
- 价值效益

五大内容
- 目视化
- 流程化
- 数字化
- 标准化
- 自主化

两大目标

外在
- 短而美的待客生产现场
- 一目了然的管理状况
- 蓬勃积极的工作环境

内在
- 忆体严格的员工品质
- 快速有效的执行沟通力
- 持续提升的企业风貌

七大成效
1. 从意识和方法看手，提升管理者团队意识和能力
2. 从效率着眼看手，提升组织效益和业绩
3. 从目视化着手，融于企业的管理，有利于运营和监督
4. 从风险预控着手，降低企业管理成本
5. 从软性管理流程着手，利用灵活高效的制度，实现底管人
6. 从服务和责任着手，制度层面改善工作
7. 从持续优化着手，培养企业主人翁意识
8. 强化组织体质和系统

六大作用
1. 改善工作环境，增进员工交流
2. 提高工作效率，降低运转成本
3. 消除生产浪费，降低运营成本
4. 避免生产错错，提高工作质量
5. 减少设备故障，消除安全隐患
6. 强化人员素质，提升企业形象

服务模式
1. 课程训练
2. 微咨询
3. 专家驻场辅导

实施说明
- 实施方式
- 实施过程
- 实施步骤

服务模式
1. 课程训练
2. 微咨询
3. 专家驻场辅导

实施说明
- 实施方式
- 实施过程
- 实施步骤

发电企业 精益管理

2434 + N

2个目的
- 提质增效
- 降低成本

4个核心
- 消除浪费
- 创造价值
- 持续改善
- 精益求精

3个阶段
- 工具改善
  - 精益课题大改善
  - 精益改善小改善
- 系统推进
  - 发电全流程诊断
  - 部门全业务诊断
  - 班组全要件诊断
- 文化引领
  - 班组精益管理文化
  - 部门精益管理文化
  - 公司精益管理文化

4个步骤
- 诊断
  - 问题诊断
  - 标杆把握
  - 目标设定
- 分析
  - 因素分析
  - 要因验证
- 改善
  - 对策立案
  - 措施实施
  - 效益收集
- 标准化
  - 标准化

N个业务
- 精益检修
- 精益财务
- 精益燃料
- 精益物资
- 精益安全
- 精益运行
- 精益基建
- 精益党建
- 精益人才
- 精益营销
- ……

党建品牌创建

★ 1. 概念
根据党的建设总体要求，以围绕中心工作的中心任务，服务党的事业发展为目标，以加强党的长期执政能力、先进性和纯洁性建设为主线，运用品牌管理的理念，凝练提升内在和外在的亮点、特色、成果、经验、推选等，深度挖掘新时代党支部斗争合作的商业模式特征，发现党员凝聚作用的新领域，形成具有一定的导向分和昭示作用的党建标准性工作、精品工程。

★ 2. 党建工作的"四大困惑"
1) 弱化 2) 虚化
3) 淡化 4) 边缘化

★ 3. 党务工作者的"五大难点"
1) 如何落实党建工作重点特色
2) 如何把握以中心工作高要求标准
3) 如何抓住党建工作推进关键力
4) 如何创新有力的党建工作抓手
5) 如何将年度重点的党建工作落实

★ 4. 党建品牌"三大维度"
1) 党建品牌名称理念 (idea)
2) 党建品牌视觉形象 (Visual)
3) 党建品牌实施行为 (Behaviour)

★ 5. 党建品牌解决"六大问题"
1) 为党礼建青年提供载体
2) 为党建工作评优提供特色
3) 为党内凝心打造精神内质
4) 为工作开展创建有效抓手
5) 为基层组织建设有效平台
6) 为基层组织提炼文化

★ 6. 党建品牌"五大成果"
1) 收获一个党聚人心、深入人心的党建品牌名称
2) 收获一个生动形象、独特响亮的党建品牌logo
3) 收获一套特色鲜明、内涵深厚的党建品牌文化体系
4) 收获一套简明易懂、易复制易推广的党建工作方法
5) 收获一套标准规范、便于应用的党建品牌手册与工具库

★ 7. 党建品牌创建"七大步骤"
1) 项目启动
2) 调研实地
3) 设计提案
4) 方案评审
5) 示范打造
6) 品牌验收
7) 项目结果

★ 8. 项目"四大特色"
1) 拥有一套先进的党建品牌建设工作法
2) 拥有一定专业的党建品牌范图示
3) 拥有丰富的品牌建设资源
4) 拥有一个精控严格的质量控制体系

★ 党建品牌创建"四大要点"
1. 把握定位 明确主题
2. 体系打造 特点鲜明
3. 统一思想 宣传到位
4. 完善机制 持续发展

★ 党建品牌创建"六大内容"
1. 党建品牌有什么
   - 有名称 - 有标语 - 有标识
   - 有内涵 - 有制度 - 有载体
2. 党建品牌的特点
   - 政治性 - 人民性 - 实效性
3. 党建品牌命名
   - 一目了然 - 独一无二
4. 党建品牌logo
   - 原创性 - 专业性 - 独特性 - 内涵性
5. 创建意义
   - 加强组织建设 - 促使党员奉献
   - 促进工作推进 - 强化队伍建设
6. 创建措施
   - 加强组织领导 - 提高思想认识 - 强化督查落实

欢迎企业定制图书

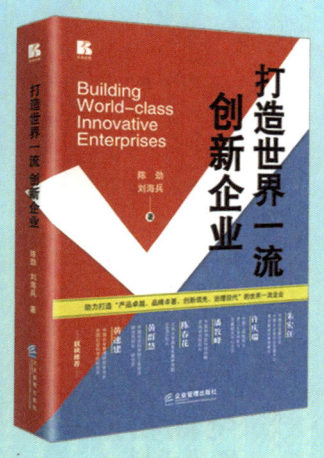

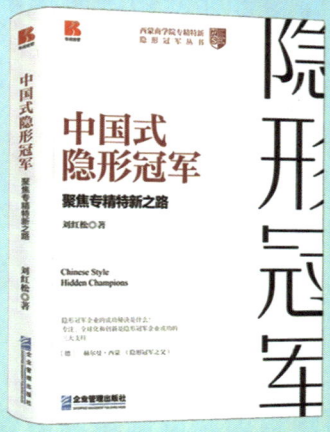

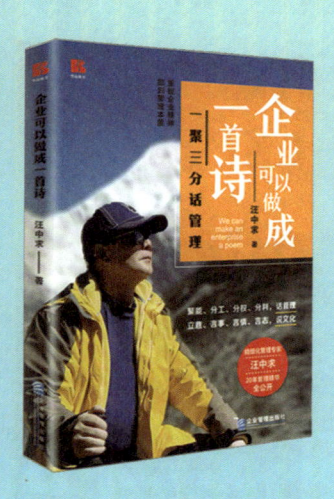

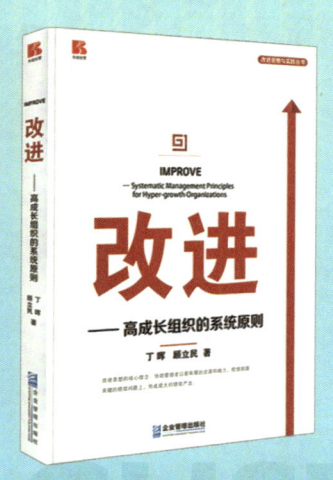

联系方式：010-68487630
王老师：13466691261（同微信）
刘老师：15300232046（同微信）

书籍展示

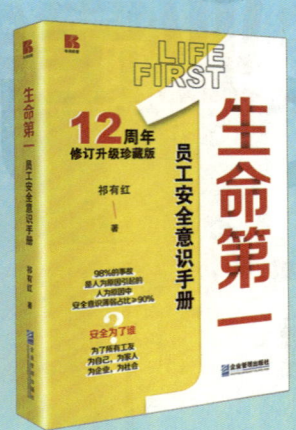

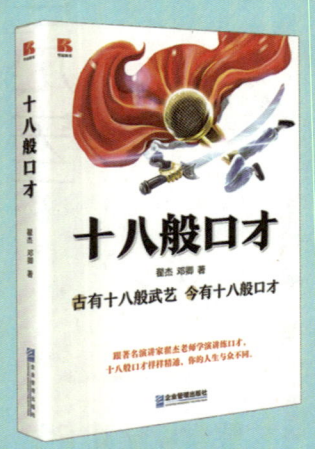

第一排：
- TTT 训的就是你 —— 培训师职业成长手册
- 生命第一 —— 员工安全意识手册（12周年修订升级珍藏版）
- 零隐患 零事故 —— 安全事故预防手册

第二排：
- 十八般口才 —— 古有十八般武艺 今有十八般口才
- 中国工厂利润倍增经营手册（Handbook of Multiple Profit at Chinese Corporate）
- 中国工厂全面精益改善推进手册（Handbook of Comprehensive Lean Management In China）

第三排：
- 追求极致——日本企业团队工作法
- 专精特新——向德国日本隐形冠军学什么？
- 内耗 INTERNAL FRICTION —— 卓越高效团队建设的极大障碍

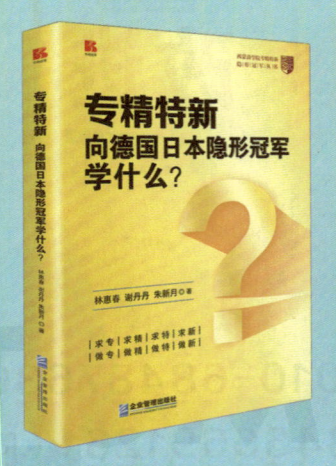

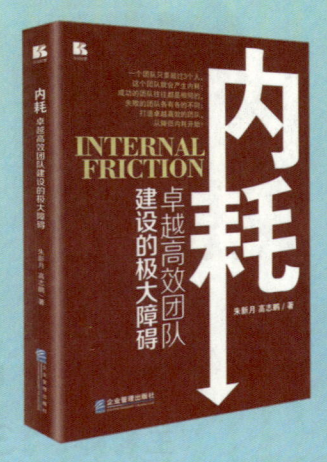

传播管理智慧，助力企业腾飞

中企联播 · 名师讲堂

中企联播·名师讲堂是由《企业管理》杂志、《企业家》杂志与中国管理科学学会企业管理专委会共同举办的直播讲座平台，每周1—2场，每场1.5小时左右。

平台延请业界名师，为企业管理者们提供前沿新科技、经营新思维、管理新技术的精彩讲座，旨在帮助企业家、企业管理者不断提升自身能力，适应快速变化的经济发展与企业经营环境，解决企业经营管理中的困惑与难题。

部分讲座课程

汪中求 | 精细化管理系列讲座

陈劲 | 打造世界一流创新企业系列讲座

祖林 | 专精特新系列讲座

刘承元 | 精益管理系列讲座

丁晖、顾立民 | 管理改进系列讲座

谭长春 | 华为管理系列讲座

翟杰 | 演讲口才系列讲座

中企联播 · 名师讲堂部分名师

汪中求	陈劲	祖林	刘承元
丁晖	顾立民	谭长春	翟杰

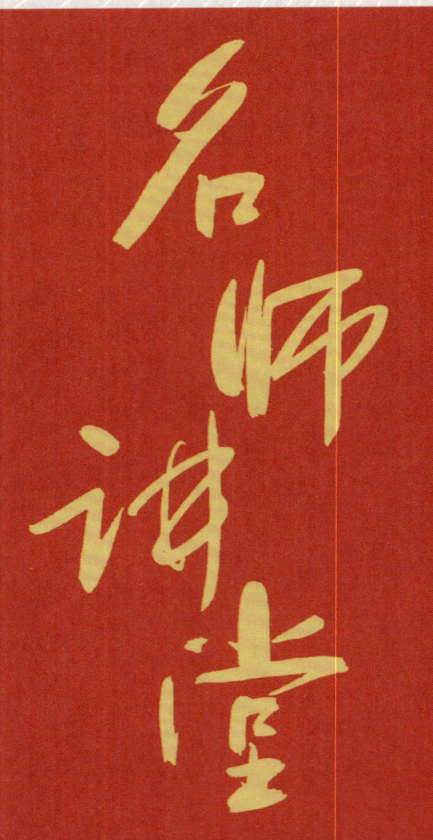

名师讲堂

中企联播 · 名师讲堂现为公益讲座，未来将发展成知识付费平台。

中企联播 · 名师讲堂
欢迎企业经营管理者加入！

中企联播 · 名师讲堂欢迎
天下名师大咖的合作！

联系方式：010-68487630
王老师：13466691261（同微信）
请注明合作内容及方式